Josef Hirn

Kritische Geschichte Friedrichs des letzten Babenbergers

Josef Hirn

Kritische Geschichte Friedrichs des letzten Babenbergers

ISBN/EAN: 9783743631847

Hergestellt in Europa, USA, Kanada, Australien, Japan

Cover: Foto ©ninafisch / pixelio.de

Weitere Bücher finden Sie auf **www.hansebooks.com**

Kritische
Geschichte Friedrichs,

des

letzten Babenbergers.

Mit besonderer Berücksichtigung

seines Verhältnisses zum Papste, Kaiser und Reich.

Von

J. Hirn.

Salzburg, 1871.

Selbstverlag des Verfassers. — Zaunrith'sche Buchdruckerei.

Kritische Geschichte Friedrichs, des letzten Babenbergers.

(Mit besonderer Berücksichtigung seines Verhältnisses zum Papste, Kaiser und Reich.)

Ueber Friedrich's Jugendleben ist uns nicht das Dürftigste überliefert; keine Chronik meldet uns den Tag oder auch nur das Jahr seiner Geburt. Den einzigen Haltpunkt, der aber auch nur ein bedingter ist, verschafft uns seine Wehrhaftmachung, welche im Jahre 1232 stattfand und wozu gewöhnlich das zwanzigste Lebensjahr erforderlich war, von welcher Regel freilich bei Fürstensöhnen oft abgegangen wurde; es ergeben sich also beiläufig die Jahre 1211—1213 als jenen Zeitraum, in den man mit einiger Wahrscheinlichkeit seine Geburt setzen könnte. Er war der jüngste von den drei Söhnen Leopold's, des Glorreichen, und daraus ist es auch erklärlich, warum ihn in seinen Jugendjahren die wortkargen Annalisten seiner Zeit keiner Erwähnung wert erachteten, da man in ihm noch nicht den einstigen Herzog vermuthete. Leopold, so hieß der älteste, war 1207 geboren und starb in seinen frühesten Jahren, indem er sich in Klosterneuburg von einem Baume herab zu Tode fiel[1]); in Folge dessen war der zweite Sohn, Heinrich, zum Nachfolger seines Vaters in der herzoglichen Würde bestimmt. Allein bald zeigte er sich derselben unwürdig, da er sich gegen seinen Vater erhob und ihn zu stürzen trachtete, er soll ihm sogar nach dem Leben gestrebt und seine Mutter mißhandelt haben. Im Jahre 1228 am 3. Jänner endete er, von Leopold unterworfen und gedemüthigt, sein verbrecherisches Leben. So kam es also, daß der dritte Sohn, Friedrich geheißen, zum künftigen Herzog von Oesterreich und Steiermark bestimmt wurde. An welchem Orte und unter wessen Leitung er sein Jugendleben verbrachte, ist uns unbekannt, jedoch läge die Wahrscheinlichkeit vor, daß er einige Zeit hindurch unter der Führung Walter's[2]) von der Vogelweide gestanden habe. Im Jahre 1226 heirathete er eine Schwester der Königin von Ungarn, eine griechische Prinzessin, durch welche Heirath das Königshaus der Arparden mit den Babenbergern verschwägert wurden. Doch nicht lange sollte dieses verwandtschaftliche Band geknüpft sein, denn schon im Jahre 1229 kam es zur Ehescheidung. Was

---

[1]) S. Rauch Scrpt., 1. Bd., p. 377.

[2]) Vgl. die Abhandlung Karajan's über zwei Gedichte Walter's in den Sitzungsber. d. Accad., 7. Bd., p. 359—582, eine andere Ansicht findet man in Pfeiffer's Germania 5, 14.

1

der Grund dieses folgenschweren Schrittes gewesen ist, hat man vergeblich zu erforschen gesucht, daß es aber gewichtige Gründe waren, scheint daraus hervorzugehen, daß der erfahrene Leopold selbst als derjenige bezeichnet wird, der am eifrigsten diese Angelegenheit betrieb. Sah es vielleicht Leopold für notwendig an, der staufischen Sache, mit der er durch die Heirath seiner Tochter Margaretha mit König Heinrich noch inniger verbunden war, durch einen vollständigen Bruch mit Ungarn und Böhmen, wo die kaiserfeindliche Parthei immer fruchtbares Erdreich fand, ein Opfer zu bringen? War dieses ein Motiv zur Scheidung, so konnte allerdings nicht leicht eine bessere Wahl zu einer zweiten Gemahlin Friedrich's getroffen werden, als in Agnes, der Tochter des Herzogs Otto von Meranien, einer Schwester der Gattin des Markgrafen von Mähren, des Bruders des jungen Königs Wenzel von Böhmen. Beide Brüder standen sich nämlich eifersüchtig gegenüber, weßhalb die Babenberger auf keine andere Weise mehr gegen den Böhmenkönig einwirken konnten, als wenn sie den mährischen Przemisliden durch verwandschaftliche Bande an ihr Interesse zu knüpfen vermochten, was unter Friedrichs Regierung auch thatsächlich der Fall war.

Von seinem Vater scheint er wenig zu Regierungsgeschäften beigezogen worden zu sein; zwei einzige Male erscheint er bei solchen gegenwärtig, das erste Mal im November 1227 und dann Ende 1229, also erst in jener Zeit, wo Heinrich, mit dem Beinamen der Grausame, durch seine Auflehnung der Nachfolge verlustig geworden war.

Herzog Leopold war unter denjenigen Fürsten, denen es ernstlich am Herzen lag, den so nachtheiligen Widerstreit der beiden höchsten Gewalten, des Papstes und des Kaisers beizulegen. Mochte ihn auch das verderbliche Sinnen seines Sohnes Heinrich tief gebeugt haben, so war er deßhalb den Angelegenheiten des Reiches nicht entfremdet worden; gerade er war eine der Hauptpersonen, welche sich eine Aussöhnung des gebannten Kaisers mit dem Papste am meisten angelegen sein ließen und keine Mühe scheuten, sie zu Stande zu bringen. Nachdem sein aufrührerischer Sohn eines frühzeitigen Todes gestorben war, schien das Land gefährlicher Stürme ledig zu sein, und Leopold wandte sich wieder mit seiner ganzen Energie den äußeren Angelegenheiten zu. Es mag Anfangs 1230 gewesen sein, als er nach Italien aufbrach, um dort das gewiß nicht leichte Amt eines Vermittlers zu übernehmen. Ende 1229 finden wir ihn noch in Krems, in Begleitung seines nunmehr einzigen Sohnes Friedrich, umgeben von vielen seiner Ministerialen, an deren Spitze die Kuenringer stehen; im April steht er bereits an der Seite des Kaisers zu Foggia mit mehreren seiner mächtigsten Ministerialen, wie Reimberts von Mureck, Heinrichs von Brunnen, Irmfrieds von Himberg und Hademars von Kuenringen. Fast übermäßig beschäftigt brachte da der thätige Herzog die heißen Sommermonate zu und fiel in Folge dessen in eine hitzige Krankheit, der er, des südlichen Klima's ungewohnt und ermüdet durch stetes Wirken, am 28. Juli erlag. Die schwere Aufgabe des Aussöhnens war ihm gelungen, er erntete den Dank aller Friedliebenden. Mit einfach schlichten, aber den großen Mann ehrenden Worten sagt der Annalist von Mölk über seinen Tod: »Utrisque in concordia coadunatis ibidem (in Apulia) moritur.« Seine Gebeine wurden in das Kloster Lilienfeld übertragen, das er selbst im Jahre 1206 gegründet hat.

Was nun die Nachfolge in der Herzogswürde über beide Länder, Oesterreich und Steiermark, betraf, so konnte darüber rechtlich kein Zweifel bestehen: Friedrich, sein einziger Sohn, erbte auch seine Würde außer seinem Privateigenthume.

In Oesterreich und Steiermark hatte sich unter der Regierung der letzten Babenberger bis auf Friedrich herab, ein Element herangebildet, das, weil bisher streng gebunden von der über ihm stehenden Macht des Landesherrn, seinen Interessen dienen und nicht wenig zu seinem Ansehen beitragen mußte. Das waren die in beiden Herzogthümern reich begüterten und mächtigen Ministerialengeschlechter. Es scheint allerdings, daß sich schon unter Herzog Leopold's Regierungszeit von dieser Seite her ein Rütteln an der Herrschaft des Landesherrn bemerkbar machte, obwohl man dafür gerade keine gleichzeitigen Berichte anführen kann, denn es wird in denselben besonders über den schon erwähnten Streit Leopold's mit seinem unbotmäßigen Sohne Heinrich, dem Grausamen, in so allgemeinen und unbestimmten Ausdrücken gesprochen, daß man daraus Zuverlässiges zu entnehmen kaum im Stande ist. Es ist aber keinesfalls dafür zu halten, daß Heinrich seinen Aufstand gegen den mächtigen Vater so ganz auf eigene Macht sich stützend, gewagt hätte, sondern er wird jedenfalls seine, wenn auch nur heimlichen Vertrauten und Helfershelfer gehabt und auf deren Unterstützung gerechnet haben. Der Ausgang des Aufstandes war bekanntlich für Heinrich ein ungünstiger, Leopold's energisches Einschreiten unterdrückte für dieses Mal die Regung feindlicher Elemente. Allein unzweifelhaft erscheint es, daß unter der Decke eines allgemein ruhigen und friedsamen Zustandes nach dem Jahre 1226 Funken vorhanden waren, die nur eines günstigen Momentes bedurften, der sie anfachte, um dann verheerend auszubrechen. Und wenn uns von einer Verschwörung[1] bayerischer Edler gegen Leopold im Jahre 1228 berichtet wird, so kommt uns unwillkürlich der Gedanke, daß sich die Fäden derselben wohl auch nach Oesterreich hinüber erstreckt haben. Wir unsererseits sehen in Heinrich, dem Grausamen, nichts anderes, als ein Werkzeug, vorgeschoben gegen den Landesherrn von einer heimlichen Opposition, die, als sein unnatürliches und verbrecherisches Vorgehen so kläglich endete, nur auf einen abermaligen, passenderen Zeitpunkt harrte,

---

[1] Contin. Sancruc. I. ad A. 1228.

deren Theilnehmer auch in der österreichischen und steiermärkischen Ministerialität sich fanden. Dieser Moment schien endlich gekommen. Leopold, der starke, kräftige Herzog, der sich jeder Unbotmäßigkeit gewachsen zeigte, war nicht mehr, er war ferne von seinem Lande, unversehens gestorben mit Zurücklassung eines einzigen Sohnes, der im Regieren noch unerfahren, einer Leitung bedurfte. Das Zusammentreffen solcher Umstände war von höchster Bedeutung für das Verhalten der damaligen Ministerialengeschlechter, die sich eben so sehr gegen den Landesherrn, wie dieser gegen das Staatsoberhaupt in eine unabhängigere Stellung zu bringen trachteten. Mochten, wie wir nach dem Gesagten vermuthen, einige der österreichischen und steierischen Ministerialen beim Aufstande Heinrich's ihre Hand, wenn auch vergebens, im Spiele gehabt haben, wie viel günstiger waren jetzt die Umstände, wie viel berechtigter und lockender die Aussicht auf Erfolg und Gewinn! Daß aber diese Aussicht manche anzog, werden wir gleich Gelegenheit haben, zu ersehen. Als Hauptstütze derjenigen, welche aufrührerische Zwecke verfolgten, werden uns einstimmig zwei Brüder, Heinrich und Hadamar von Kuenring, genannt, während uns keine Chronik die Namen anderer Theilnehmer aufbewahrt hat. Gleichwohl vermögen wir aus Urkunden gewisse Schlüsse zu ziehen. Beide Kuenringer, sowie ein Zebinger, einer von Mured, einer von Wildon, alles angesehene Herren und Ministerialen erscheinen am 30. November 1230[1]) in Friedrich's Umgebung zu Lilienfeld bei Gelegenheit der Beisetzung der irdischen Ueberreste Leopold's, welche vom Erzbischofe Eberhard von Salzburg[2]) im Beisein Rüdiger's, damals noch Bischof von Chiemsee und des Kärnthnerherzogs Bernhard vorgenommen wurde, wobei der junge Babenberger alle Schenkungen, welche sein Vater, als Stifter dieses Klosters, demselben gemacht hatte, bestätigte. Von da an verschwinden uns die genannten Herren aus der Umgebung Friedrich's und andere treten an ihre Stelle. Anfangs März 1231[3]) sehen wir nämlich den Herzog größtentheils von solchen begleitet, welche damals unter den Ministerialen des österreichisch-steierischen Herzogthumes im Allgemeinen eine untergeordnete Stellung einnahmen, wie Heinrich von Tribanswinkel, Perchtold von Eckhardsau, Perchtold von Treuen u. a. Allein auch Namen bedeutenden Ranges zeigen von der dem Herzoge während des Aufstandes erhaltenen Treue derjenigen, die sie führten, wie Graf Conrad von Hardeck, Heinrich von Brunnen und Irmfried von Himberg.[4])

Was das Geschlecht der Kuenringer betrifft, so hatte dasselbe unter der Begünstigung der letzten Babenberger sehr bedeutend an Macht und Einfluß gewonnen. Zum ersten Male im Gefolge eines babenbergischen Dynasten

---

[1]) S. Meiler Reg. d. Bab. p. 148, Nr. 2.
[2]) Cortin. Garstens. ad A. 1230, Annal. S. Rudp. Salisb. ad A. 1230.
[3]) S. Meiler Reg. d. Bab. p. 148, Nr. 3.
[4]) Irmfried hatte eine Kuenringerin zur Frau, s. Denkschrift d. Acc. VIII. Bd., Stammtaf. 2.

erscheint uns ein Kuenringer im Jahre 1137; wir finden nämlich hier einen Hadmar I.[1]) und Albero, welche beide unter die markgräflichen Ministerialen gezählt werden. Dieser Hadmar, der Enkel Azzos von Gobatzburg, war der Gründer[2]) des Klosters Zwettl und starb am 26. Juni 1148, ohne Nachkommen zu hinterlassen. Ein Hadmar II. (III.) tritt uns am Ende des 12. und Anfange des 13. Jahrhunderts als der zweite Begründer Zwettls, wie er im Gründungsbuche genannt wird, entgegen, er war ein Enkel von Albero's Sohn gleichen Namens, der als der Erbauer der Beste Kuenring angegeben wird. Das Todesjahr[3]) dieses Hadmar ist 1217 (21. Juli). Er scheint derjenige seines Geschlechtes gewesen zu sein, unter dem dasselbe seine bedeutende Machtstellung begründete[4]). Er erscheint uns als der Erbauer von Dürrnstein, Aggstein, Ackswald und Weitra, unter seine Besitzungen und Güter zählte er Zistelsdorf, Wuldesdorf und Grubarn, mehreres im Marchfelde, Schweifers, Gmund und Hadmarstein. Schon aus diesen Andeutungen kann man entnehmen, daß er einer der reichsten Ministerialen Oesterreichs war und daher kam es auch, daß sein Ansehen immer mehr wuchs und sein Einfluß sich vermehrte, was man mit Recht aus seinem häufigen Vorkommen in des Herzogs Umgebung schließen kann. Wir kennen von ihm vier Sprößlinge,[5]) drei Söhne und eine Tochter, von denen Hadmar und Heinrich die hervorragendste Rolle spielten, sein dritter Sohn war Albero, die Tochter Gisela. Nach dem Tode ihres Vaters wußten die ersten zwei Brüder ihre Macht nicht nur zu behaupten, sondern noch zu vermehren, wozu sich ihnen die günstigsten Gelegenheiten darboten. Als Leopold am Jahresbeginn 1230 seinen Weg nach Italien antrat, nahm er Hadmar außer andern unter seine Begleitung auf, während Heinrich als Landesverweser des Herzogs Stelle vertreten sollte. Als solcher scheint er die ausgedehntesten Rechte sich entweder angemaßt oder rechtmäßig besessen zu haben. In einer Urkunde des Grafen von Plaien[6]) und ebenso in einer Kaiserurkunde wird er als: »Tunc temporis Rector totius Austriae,« bezeichnet. Er selbst nennt sich: »Primus vel summus marschalcus Austriae.« Jedenfalls vereinigte er in seiner Person eine große Macht, die er

---

[1]) S. Meiler Reg. d. Bab. p. 24, Nr. 1.

[2]) S. liber fundationis claustri Zwettl. in Font. Rerum Austriac. III. B., p. 30 und 33, vgl. Denkschrift der Wiener Accademie, VIII. B., Stammtafel Nr. 2.

[3]) S. lib. fundat. p. 99.

[4]) Lib. fundat. p. 67: Iste Hadmarus inter omnes Chunringerios potentissimus, sagacissimus et industrius fuit.

[5]) S. lib. fundat. p. 18 und 65, s. auch die oben citirte Stammtafel.

[6]) S. Filib. Huber Austria ex arch. Mell. illustr. p. 18 Nr. 9 und 19. Merkwürdiger Weise ist die erstere Urkunde vom 28. März 1229 datirt, zu welcher Zeit die Ernennung eines Rectors nicht nöthig war, da Leopold selbst noch im Lande war. Jedoch möglich ist es immerhin, daß Heinrich sich damals einer solchen Würde erfreute, nur würde er sie dann wohl nicht in den anderen Urkunden verschwiegen haben. S. auch lib. fundat. p. 102.

balb für feine verrätherifchen Pläne auszunüßen begann. Er ließ es an Vor-
bereitungen nicht fehlen. Den Mittelpunkt der kuenringifchen Befißungen am
rechten Donauufer bildete das von Habmar I. gegründete Klofter Zwettl, im
weiten Bogen umgaben es die Burgen der »Hunde« von Kuenring. Zu
ihrem Unternehmen wollten fie fich noch einiger fefter Punkte verfichern, um
darin theils ihrer Beute einen ficheren Hort zu verfchaffen, theils aber bei
einem eventuellen Kampfe mit dem Herzoge viele ftarke Pläße zu haben, von
denen aus fie feinen Angriffen beharrlichen Widerftand entgegen zu feßen vermochten. Dazu fchien das 'Städtchen Zwettl, am gleichnamigen Klofter ganz
geeignet und beide Brüder nahmen keinen Anftand, fich deßfelben zu bemächtigen[1]), troßdem daß es Eigenthum des Klofters war. Bald hatten fie
daßfelbe zu einer Wefte umgewandelt. Es dauerte nicht lange, fo brachen die
Feindfeligkeiten gegen den Herzog offen aus, welche jedoch der Zeit nach nicht
vor den Anfang des Dezembers gefeßt werden können, da, wie wir fchon bemerkt haben, die beiden Kuenringer noch am 30. November in Friedrichs Umgebung fich finden. Der Aufftand begann damit, daß Habmar[2]), der auf
Dürnftein faß, von dort aus die nahe gelegene herzogliche Stadt Krems überfiel, diefelbe plünderte und einäfcherte und den Raub auf die genannte Burg
fchleppte, in gleicher Weife behandelte er auch Stein[3]) und verlegte dem Herzoge die Straße gegen Neuburg. Heinrich hatte feine Pofition in Weitra genommen. So war das Zeichen zur allgemeinen Erhebung gegeben. Die
zahlreichen Minifterialengefchlechter, die fich den Kuenringern angefchloffen
hatten, wütheten nun mit Feuer und Schwert und fuchten von den Anhängern
und Getreuen des Herzogs und deffen Befißungen fo viel als möglich Beute
zu erhafchen. Befonders hart wurde das nördliche Donauufer mitgenommen,
das nicht blos ein Fehdeplaß für diefe inneren Feinde war, fondern auch den
Einfällen der benachbarten Böhmen völlig entblößt von Vertheidigungstruppen
offen lag. Diefe hatten noch vor dem Aufftande der Kuenringer bei Lebzeiten
Ottokars I. einen Einfall unternommen, deffen Beweggründe uns nicht angegeben find. Allein man dürfte kaum irre gehen, wenn man diefem Kriegs-

---

[1]) S. lib. fundat. p. 101.
[2]) S. lib. fundat. p. 125. Daß auch Heinrich betheiligt war, fagt Contin. Clauftr. III.:
  Heinricus frater Hadmari defuncti Chrems civitatem exuffit.
[3]) S. Contin. Praedicat. Vindob. ad A. 1231, p. 727.
[4]) Viele, wie Winkelmann „Gefchichte Kaifer Friedrich II." I. Bd. p. 401, nehmen einen
  Einfall der Böhmen an und zwar jenen nach dem Tode Ottokars, allein dagegen fpricht:
  Anonym. Saxo bei Menken, III. Bd. p. 125: Juvenis rex Boemiae Auftriam usque ad
  Danubium incendit devastavit. Statim ergo poft hanc profectionem mortuus eft ille
  fenex rex de Boemia Ottckarus. Keppow'fche Chronik in Ekkard corpus hift. med.
  aevi. I. B. p. 1406 und Contin. Garft. ad l. 1230: Quem (Friedericum) primo anno
  principatus fui Ottaker rex Boemiae fraudulenter invadens, alfo ausdrücklich nach
  Ottofar; vgl. auch Palazky, Gefch. v. Böhmen, II. B. p. 102, Ottokar ftarb am 15.
  Dezember 1230.

zuge eine ſehr geringe politiſche Bedeutung beimißt und ihn einfach als einen
Racheaft der Böhmen für erlittene Beſchädigungen durch die Kuenringer auf=
faßt, welche[1]) vor ihrer Erhebung gegen Friedrich von ihren an Böhmen grän=
zenden Beſitzungen aus in daſſelbe eingefallen waren. Aber der bald nach
dem Tode Ottokars erfolgte Angriff König Wenzels galt nicht mehr den räu=
beriſchen Miniſterialen des Herzogs, ſondern vielmehr dieſem ſelbſt. Dieſer
böhmiſche Verwüſtungszug war eine der Folgen jener im Jahre 1229 vorge=
nommenen Eheſcheidung Friedrich's von ſeiner erſten Gemahlin. Uebrigens
fällt es uns nicht bei, dieſem zweiten Einfalle große Wichtigfeit beizulegen;
dagegen ſpricht ſchon der Umſtand, daß er allem Anſcheine nach in den Winter=
monaten des Jahres 1231 unternommen wurde, alſo in einer Zeit, wo man
dazumal nicht gerne Expeditionen von größerer Tragweite zu unternehmen
pflegte. Der Aufenthalt der böhmiſchen Schaaren im Lande dauerte nicht
lange, denn nach fünf Wochen, in denen ſie ihre Raub= und Zerſtörungsluſt[2])
hinreichend bethätiget hatten, verließen ſie wiederum das Land. Daß Ungarn
trotz ſeiner gegen Oeſterreich feindlichen Geſinnung ſich nicht rührte, iſt ſeinen
inneren Zerwürfniſſen zuzuſchreiben und kann für Friedrich nur ein Glück ge=
nannt werden. Uebrigens liegt es ſehr nahe, anzunehmen, daß jene inneren
Streitigkeiten Ungarns in ihrer Wirfung ſich auch auf die babenbergiſchen
Lande erſtreckten, da die Aufrührer in dieſen die Unzufriedenen im benachbarten
Königreiche nicht unbedeutende Erfolge erringen ſahen.

Die Lage des Herzogs war beim Hereinbrechen dieſer Stürme eine
wahrhaft traurige. Bedroht von äußeren und inneren Feinden, verrathen von
den mächtigſten Miniſterialen ſeiner Länder, ſollte er, der jugendliche, uner=
fahrene Herzog, deſſen Leitung eigentlich gerade jenen oblag, die ſich gegen
ihn empörten, ſchon gleich beim Antritte ſeiner Regierung eine gewaltige Feuer=
probe ſeiner Umſicht und Tapferfeit beſtehen. Der zweite Einfall der Böhmen
und der Kuenringer Aufſtand fielen nahezu in die gleiche Zeit. Allein Friedrich
wandte ſich vorerſt ausſchließlich nur letzterem zu, mit richtigem Blicke er=
kennend, daß es nothwendig ſei, zuerſt die inneren Unruhen beizulegen, bevor
man gegen Außen kräftig auftreten will. Aus welchen Elementen die dem
Herzoge treu ergebene Schaar beſtand, wurde ſchon oben angedeutet. Es
waren außer wenigen Grafen kleinere Miniſterialengeſchlechter, die dem Herzoge
ihren Beiſtand liehen. Eine andere Stütze bildeten für ihn die Klöſter und
der Johanniterorden. Daß erſtere ſich ihm anſchloſſen, iſt als gewiß anzu=
nehmen, da ſich die Kuenringer ſchon früher[3]) als kloſterfeindlich bewieſen

---

[1]) S. lib. fundat. p. 125. Nam Heinricus canis frater Hadmari in Weitra residentiam
tunc temporis habuit et non solam Austriam sed etiam Boemiam spoliis et incendiis
devastavit.

[2]) Vgl. Annal. Mellic. ad A. 1231, Contin. Lambac. ad A. 1231, Contin. Skotor. ad A. 1230 u. a.

[3]) Vgl. ihr Verhalten zu Zwettl in lib. fundat.

hatten; fie waren aber bei ihrer großen Anzahl und ihrem fehr bedeutenden Reichthume kein zu verachtender Bundesgenoffe. Das Gleiche glauben wir von den Johannitern annehmen zu dürfen, da Friedrich noch während der Unruhen (am 13. März 1231) diefem Orden ein Privilegium ausstellte, worin er ihm die von Herrand von Wildon gemachten Schenkungen in Steiermark bestätigte [1]).

Im Ganzen läßt fich über den Verlauf diefer Fehde fo viel fagen, daß des Herzogs und feiner Getreuen bewaffnete Macht, verbunden mit rafchem und entfchiedenem Handeln im Stande war, den Auffstand zu unterdrücken und der Empörer Herr zu werden. Ackstein, Dürnstein und Weitra fielen in die Hände desselben. Ueber die Eroberung der erften zwei Burgen, die Hademar Inne hatte, überliefert uns das Gründungsbuch von Zwettl eine nicht wenig abenteuerliche Gefchichte [2]), die in die meisten Darstellungen älterer und neuerer Zeit übergegangen ist. Abgefehen jedoch davon, daß die ganze Erzählung ziemlich fagenhaft klingt, finden wir in gleichzeitigen Aufzeichnungen nicht eine Spur davon. Im Allgemeinen müssen wir uns darauf befchränken, das Ergebniß der Kämpfe zwischen den Ministerialen und ihrem Herzoge zu fchildern, wollten wir uns nicht in unbeglaubigte Erzählungen einlaffen. Der Herzog gewann, nachdem er die genannten Burgen in feine Hand gebracht und den mit festen Mauern verficherten Ort Zwettl erstürmt und diefelben gefchleift hatte [3]), bald die Oberhand über alle feine inländifchen Gegner und brachte fie theils auf gütlichem, theils auf strengem Wege zum Gehorfam zurück. Heinrich von Kuenring, das Haupt und die Spitze des Aufstandes mußte um Frieden bitten. Der Herzog, dem auch von Osten und Norden unheilfchwangere Gewitterwolken drohten, begnügte fich mit der Stellung von Geißeln und Zurückgabe alles Geraubten. Die Söhne Heinrich's, Heinrich und Hademar, brauchten die Vergehen ihres Vaters nicht zu büßen, beide wurden von Friedrich zu Gnaden aufgenommen und mit Würden bedacht. Im September 1233 finden wir Hademar als Mundfchenk [4]), Heinrich als Marfchall. Ihre Macht hingegen und das Anfehen, das diefes Gefchlecht unter Leopold, dem Glorreichen, und am Beginne der Regierung feines Sohnes genoffen hatte, war dahin; fie nahmen fürder nur mehr eine befcheidene Stellung unter den österreichifchen Ministerialen ein. Die beiden Befiegten, Heinrich und Hademar, haben ihre Schmach nicht lange überlebt. Letzterer starb vor dem November 1231, denn am 2. diefes Monates wird er fchon als todt erwähnt [5]). Nach

[1]) S. Meiler Reg. d. Bab., p. 149 Nr. 4.

[2]) S. lib. fundat., p. 125, 126, fo auch bei Rauch öft. Gefch., II. Bd. p. 396, und Meinert öft. Gefch., I. Bd. p. 96.

[3]) S. lib. fundat., p. 106.

[4]) S. Meiler Reg. d. Bab., p. 152 Nr. 18.

[5]) S. Meiler Reg. d. Bab., p. 149 Nr. 5.

dem Berichte des Chronius starb er, vom Bischofe von Passau ercommunicirt[1]).
Ueber Heinrich's Ende heißt es im Gründungsbuche von Zwettl, daß er bei
einem Einfalle in Böhmen seinen Tod gefunden haben soll[2]); darunter könnte
wohl jener Zug gemeint sein, den Friedrich in der nächsten Zeit gegen Wenzel
unternahm.

So war endlich dieser innere dem Lande gefährlichste Kampf beendiget,
der Herzog hatte sich fähig gezeigt, auch starken Stürmen die Stirne zu
bieten; er hatte sich bei dieser ersten Gelegenheit bereits als den Streitbaren[3])
bewährt. Es war dieses Jahr 1231 für den jugendlichen Herzog eine wahre
Drangperiode gewesen. Umringt von äußern Feinden, bedrängt von eigenen
rebellischen Unterthanen, hatte er kaum die irdische Hülle seines Vaters in die
Gruft zu Lilienfeld versenkt und die Zügel der Regierung in seine noch unerfahrenen Hände genommen, als er mitten in die Sturmeswogen versetzt war,
aus denen ihn sein thatkräftiger Muth[4]), sein energisches Auftreten und ein
richtiger Blick in die Verhältnisse, wie er ihn im späteren Leben nicht immer
bewährt hat, errettete. Dieß hatte ihn aber auch gestählt zu ferneren Unternehmungen und als einen wackern Degen den Augen der Mitwelt gezeigt.
Am 2. November finden wir ihn in Gföll[5]) in der Mitte der kuenringischen
Besitzungen, wo er eine Schenkungsurkunde Heinrichs von Kuenring für das
Stift Melk bestätigte, ein Beweis, daß derselbe schon zum Gehorsam zurück-
gebracht, mithin die Spitze des ganzen Unternehmens gebrochen war. Friedrich stand jetzt in einem Alter, wo der Sitte gemäß dem jungen Manne das
Schwert umgürtet werden sollte, zum Zeichen seiner Mündigkeit und seines
selbstständigen Handelns. Auch er wollte sich jetzt ein derartiges Fest bereiten,
hatte er sich doch des Schwertes mächtig und würdig gezeigt. Es war am
2. Februar 1232, da ihm Bischof Gerhard von Passau im Schottenkloster zu
Wien im Beisein vieler Landesedlen feierlich das Schwert umgürtete. Friedrich
selbst schlug bei dieser Gelegenheit zweihundert Edle zu Rittern[6]).

Der Kaiser hatte an Leopold einen seiner eifrigsten Anhänger verloren.
Stets bewahrte[7]) er ihm ein dankbares, freundschaftliches Andenken. Dieses
freundschaftliche, durch Bande der Verwandschaft noch fester begründete Verhältniß zwischen Kaiser und Herzog pflanzte sich fort auf Leopold's Sohn und

---

[1]) S. lib. fundat. p. 126, anders berichtet Contin. Skotor. ad I. 1231.

[2]) S. lib. fundat. p. 134.

[3]) Ein Beiname, den ihm spätere Geschichtschreiber gaben.

[4]) Contin. Garstens. ad A. 1230: Fridericus ultra modum strenuus in armis.

[5]) Meiler Reg. d. Bab., p. 149 Nr. 5.

[6]) S. Contin. Skotor. ad A. 1232, Annal. Mellic. Contin. Praedic. Vindob. ad A. 1232:
     Fridericus militavit Wiennae in monasterio Skotorum ducentis consortibus. Cuenzel
     bei Rauch Scriptr. I. B. p. 318.

[7]) Vgl. den Brief des Kaisers an den König von Böhmen von 1231 bei Erben Reg.
     Bohem. p. 338.

Nachfolger Friedrich. Am 4. September 1230[1]) nennt ihn der Kaiser seinen geliebten Verwandten und Fürsten. Eine andere Bewandtnis hatte es aber mit seinem erstgebornen Sohne Heinrich. Dieser hatte 1225 die Schwester Friedrichs, Margaretha, geheirathet. Es war dieß eine Verbindung, bei der man, blos von politischen Rücksichten ausgehend, auf die Herzensneigung des jungen Königs gar nicht geachtet hatte. War es nun eine gewisse Neigung für die böhmische Prinzessin Agnes, oder war es, was wahrscheinlicher[2]) ist, der Einfluß gewisser Personen am königlichen Hofe, genug: seine Gleichgültigkeit gegen die ihm angetraute Gemahlin ging bald in das offene Streben über, auf irgend eine Weise die Trennung von derselben herbeizuführen, und sich mit Agnes, der Schwester des Königs Wenzel, zu vermählen. Daß der junge ausschweifende Heinrich gerade in der Zeit der Bedrängnis Friedrichs, seines Schwagers, dem Unmuthe Luft machen wollte, ist begreiflich, denn an seinem kaiserlichen Vater fand er in dieser Beziehung nicht nur keine Stütze, sondern er hatte dessen ganzen Zorn zu befürchten[3]), sobald er es wagte sich von Margaretha zu scheiden und auf diese Art das Band der Verwandtschaft zwischen den Hohenstaufen und Babenbergern zu zerreißen. Doch jetzt schien die Zeit gekommen, wo er zum Herzoge mit seiner Forderung, betreffend das noch rückständige Heirathsgut seiner Schwester, herantreten und, sollte er die Erfüllung seiner Forderung nicht bewilligt erhalten, allenfalls eine Trennung von seiner Gemahlin wenigstens mit einigem Scheine von Recht anstreben konnte. Daß aber der letztere Fall, nämlich eine hinausschiebende oder geradezu negierende Antwort vom Herzoge zu erwarten stand, ist bei der damaligen zerrütteten und gefährdeten Lage seiner Länder leicht einzusehen. Alle jene, die es mit der kaiserlichen Sache in Deutschland redlich meinten, mußten einen solchen unberathenen Schritt Heinrichs mit Recht misbilligen und nach Kräften zu verhindern suchen. War es ja nicht blos das einflußreiche Geschlecht der Babenberger, das durch ein solches Vorgehen dem kaiserlichen Hause entfremdet, ja mit demselben verfeindet wurde, sondern es wäre, wenn man eine Trennung des Königs von seiner ersten Gemahlin überhaupt zugelassen hätte, seine Wahl, die auf Agnes von Böhmen gefallen wäre, eine der kaiserlichen Sache recht ungünstige gewesen. Dieselbe war von dem Augenblicke an, da

---

[1]) S. Meiler Reg. d. Bab. p. 148 Nr. 1. — Auch der Papst ehrte ihn hoch, f. das Beileidschreiben an Leobora, worin er verspricht, die dem verstorbenen Leopold bewiesene Gunst auf seinen Sohn zu übertragen, f. Baumgartenberger Formelbuch p. 139.

[2]) Conrad de Fabaria Mon. Germ. Scrptr. II. p. 180: Habuit namque praefectus rex (Heinricus) voluntatem faciendi divortii in contractu filiae Ducis Austrasiorum hortata quorundam Principum.

[3]) Annal. Wormat. Mon. G. XVII. p. 43 ad A. 1233: Heinricus rex offenderat in multis patrem suum et in hoc maxime, quod nobilissimam matronem dominam Margaretam conjugem suam, illustris ducis Austriae filiam, desecare voluit, sibi assumere sororem regis Boemiae.

ſie die Hoffnung auf das königliche Diadem in Deutſchland in Folge der Bemühungen und Machinationen der ſtaufiſchen Parthei und nicht zum wenigſten
Leopolds[1]) des Glorreichen verloren hatte, eine entſchiedene Gegnerin derſelben
geworden und wußte ihren Einfluß am böhmiſchen Hofe, der immerhin ein
bedeutender war, im ſtaufenfeindlichen Sinne oft geltend zu machen.

Anſtatt ſeinem Schwager Friedrich in ſeinen ſchweren Bedrängniſſen
hilfreiche Hand zu gewähren, nahm Heinrich gegen ihn eine feindliche Stellung
ein. Zum Glücke aber für ihn und das Reich war er nicht von lärmenden
Jugendgenoſſen und Höflingen allein umgeben; in ſeinem nächſten Kreiſe
fanden ſich auch Männer, reich an Erfahrung, voll Redlichkeit und wohl-
meinender kluger Berathung für den jungen König und die hohenſtaufiſche
Sache. Von dieſen letzteren wählte ſich Heinrich einen, dem er die Angelegenheit zur Austragung übergab. Es war Konrad von Bußnang, der Abt von
St. Gallen ein trefflicher Mann und Rathgeber, der dem jugendlichen Könige
wie ein guter Genius zur Seite ſtand und ſchon manche unheilbringende Streiche
desſelben zu verhüten gewußt hatte.[2]) Ihm war die jedenfalls ſchwierige
Aufgabe zugefallen, den König von ſeinem ungerechten und unpolitiſchen
Schritt abzubringen. Er wurde von demſelben als Geſandter an den Herzog
Friedrich geſchickt. Ueber die Zeit, in welcher der Abt ſeine Reiſe nach Deſter-
reich antrat und mit dem Herzoge unterhandelte, iſt man beim gänzlichen Ueber-
gehen der Zeitangaben von Seite des Biographen Konrads, nicht genau unterrichtet. Nach dem Berichte desſelben kann ſie vor der Ermordung Ludwigs,
des Kehlheimers, (16. September 1231) nicht geweſen ſein. Sie muß, wenn
wir dem Wortlaute folgen, unmittelbar nach derſelben, zur Zeit, da Baiern in
Folge des gewaltſamen Todes des Herzoges von innern Unruhen durchwühlt
war, erfolgt ſein. Ein anderes Moment, das uns zu dieſer Annahme beſtimmt,
iſt die Erzählung des Biographen, nach welcher der Abt vom Kaiſer zu
Aquileja im April 1232 mit beſonderer Auszeichnung empfangen wurde wegen
ſeiner vielen um das ſtaufiſche Haus erworbenen Verdienſte, unter welche wohl
vor allem die Ausſöhnung Heinrichs mit dem öſterreichiſchen Herzoge gerechnet
werden muß.[3])

---

[1]) Vergl. Winkelmann Geſch. Kaiſer Friedr. II., I. p. 231. Vergl. Schirrmacher „Geſch.
Kaiſer Friedrichs II." I. Band p. 144. Vergl. auch Palacky Geſch. von Böhmen, II.
Band p. 101.

[2]) Conrad de Fabaria p. 180: (Conradus abbas) conscriptus inter primos palatii — —
talem se exhibuit — — ut animum regis in aliquibus in sinistra parte sociivam ad
viam reduceret veritatis.

[3]) Conrad de Fabaria p. 181. Paccato rege cunctisque regni principibus ab imperatore
apud Ravennam Aquileiae ipsis cum occurisset, salutatis prout decuit principibus
speciali quadam dignitatis familiaritate dominum abbatem nostrum salutavit et viciniorum
ceteris palatio regali mansionem dari sibi praecepit ipsumque imperialibus redeuntem
honorificavit donis.

Ferners ist zu bemerken, daß Konrad am 9. August 1231 in der Umgebung des Königs vorkömmt, während er sich nach der nächsten uns bekannten
königlichen Urkunde[1]) vor dem 1. Oktober bereits entfernt zu haben scheint.
Demnach fiele seine Abreise gemäß den Urkunden in die Zeit vom 9. August
bis 1. Oktober, welcher Zeitabschnitt verengt wird durch die oben erwähnte
Angabe seines Biographen, so daß wir seine Abreise in die zweite Hälfte
Septembers setzen können. Wollte man, sich stützend auf eine andere Stelle
in der mehrerwähnten Biographie, diese Zeitbestimmung nicht gelten lassen,
so müßte man die Gesandtschaftsreise unmittelbar nach der Zusammenkunft
Friedrichs mit dem Kaiser (Mai 1232) verlegen[2]), allein dabei würde sich einem
die Frage aufdrängen: Was hätte da noch Abt Konrad zu verhandeln gehabt,
da der Kaiser selbst die Sache mit seinem Sohne und dem Herzoge ab-
gemacht hatte?

Nach dem Gesagten mag es als erwiesen gelten, daß Konrad noch im
September 1231 seinen Weg nach Oesterreich antrat. Ueber die Verhandlungen
die er mit dem Herzoge pflog, ist uns nichts überliefert. Das einzige was
wir wissen, ist, daß der Abt die Sache so führte, daß er den König von seinem
Entschluße der Ehescheidung abbrachte und sich dadurch den Beifall[3]) und Dank
der Königin Margaretha und aller der staufischen Sache Wohlgesinnten er-
warb. Daß die Spannung zwischen Heinrich und Friedrich ganz aufgehoben
wurde, ist bei ihrer Leidenschaftlichkeit kaum anzunehmen, aber das Verhältniß
beider zu einander wurde wenigstens wieder ein leidliches. Der Herzog hat
die geforderte Morgengabe wohl nicht ausbezahlt, allein Heinrich nahm Margaretha doch wieder zu Gnaden auf, was ihm auch der Entschluß mochte gerathen erscheinen lassen, sich zur Abbitte vor seinem zürnenden Vater in Aquileja zu stellen, wo natürlich auch sein Verhältniß zu Oesterreich zur Sprache
kommen mußte, das bisher ein dem kaiserlichen Willen nicht gemäßes war.

Wie schon bemerkt, hatte Leopold seinem Sohn auch das Wohlwollen

---

[1]) S. Böhmer Reg. Heinr. p. 239 Nr. 246, 248.

[2]) Daher erscheint uns auch die von Winkelmann I. p. 413 Anmlg. 2 ausgesprochene
Vermuthung unbegründet. Konrad von Pfäffers erzählt die Gesandtschaft zweimal, das
zweite Mal unmittelbar nach des Abtes Ankunft in Aglei. Aber nicht blos das, sondern
auch die verschiedenen Erwerbungen des thätigen Konrads von Bußnang für sein Kloster
gibt er uns zweimal und zwar fast mit dem gleichen Texte. Dieses Verfahren des
Schriftstellers ist jedenfalls auf Rechnung seiner Bewunderung gegen den Abt zu setzen,
dessen Verdienste er bei der Erzählung seiner Auszeichnung durch den Kaiser nochmals
zusammenfassen will. Daß die Fakta in seiner Erzählung überhaupt in keiner chrono-
logischen Reihenfolge stehen, beweist z. B. daß die Erwerbung des Hofes Grießern
durch Konrad der Ermordung des bairischen Herzogs Ludwig vorangestellt wird, ersteres
war am 18. August 1232 (wahrscheinlicher 1233), das andere am 16. September 1231.

[3]) Conrad de Fabaria p. 180.

des mächtigen Hohenstaufen, des Kaisers Friedrich[1]), als nicht zu unterschätzendes Erbtheil hinterlassen.

Ist uns auch außer dem schon erwähnten kaiserlichen Schreiben kein urkundliches Denkmal gegenseitigen Verkehres zwischen dem Kaiser und dem babenbergischen Herzog bis zu ihrer Zusammenkunft in Pordenone erhalten, so werden wir dennoch gerne der Versicherung[2]) des ersteren Glauben schenken, daß er diesen zum Tage nach Ravenna geladen habe. Das sollte also die erste Gelegenheit für Friedrich sein, mit dem Kaiser in unmittelbare Berührung zu kommen. War es so manchem gerufenen Fürsten beim besten Willen und trotz großer Anstrengungen unmöglich[3]), nach Italien zu gelangen, da die reichsfeindlichen Lombarden die Pässe versperrt hielten, so scheint unser Herzog es nie im Sinne gehabt zu haben, dem Rufe des Kaisers Folge zu leisten und machte dazu auch keine Bemühungen. Derselbe schreibt dieses seinem jugendlichen Leichtsinne zu, aber die Motive seines Nichterscheinens sind jedenfalls in erster Linie in den Verhältnissen Oesterreichs zu suchen, wo des Herzogs Gegenwart nötig war, um Ruhe und Ordnung herzustellen und aufrecht zu erhalten. Dabei mochte sich Friedrich wohl auch auf das seinen Ahnen von Barbarossa verliehene Privilegium berufen[4]).

In Ravenna hatten sich folgende deutsche Reichsfürsten um den Kaiser versammelt: Der Patriarch von Aquileja, der Erzbischof von Magdeburg, die Bischöfe von Bamberg, Worms, Osnabrück, Brixen, der Reichskanzler Siegfried von Regensburg, die Herzoge von Sachsen, Mähren und Kärnthen, sowie mehrere Grafen. Abgesehen davon, daß sich hier beim Kaiser zu wenige Kräfte zusammenfanden, um von da aus, wie man es beabsichtigt hatte, gegen die Lombarden zu ziehen, so war noch ein anderer Umstand, der den Kaiser bewog, eine neue Versammlung auf ein zugänglicheres Gebiet, nach Aquileja, zu verlegen. An seinem Sohne Heinrich zeigten sich nämlich die deutlichsten Spuren von Auflehnung und Widersetzlichkeit gegen die väterlichen Verordnungen[5]).

---

[1]) Wenn es in der österr. Gesch. von Rauch II. B. p. 409 heißt: „Der Kaiser legte wider Friedrich, da dieser die Regierung angetreten hatte, kennbare Zeichen der Abneigung und Verfolgung (!) an den Tag. Man kann dem Betragen des Kaisers den größten Theil der Uebel, in welche die Regierung Friedrichs verwickelt war, beimessen", so müssen diese Sätze theils als unrichtig, theils als übertrieben bezeichnet werden.

[2]) Im unten zitierten kaiserlichen Schreiben von 1236. Cum apud Ravennam curiam indixerimus celebrandam, vocavimus ipsum (Frid.) sicut ceteros principes, ut veniret proponentes cum amore paterno recipere ac favore.

[3]) S. Annal. Januens. Muratori VI. B. p. 463. Occulte venerat ad tepidum.

[4]) Die betreffende Stelle im Privilegium minus lautet: Dux vero Austriae de ducatu suo aliud servitium non debet imperio nisi quod ad curias quas imperator praefixerit in Bavaria evocatus veniat u. a. bei Huillard Bréholles VI. p. 292.

[5]) Vergl. Winkelmann I. B. p. 408 u. flgb. Vergl. auch die Verordnung des Kaisers, gegeben zu Ravenna im Jänner, mit einer Verordnung Heinrichs, gegeben zu Augs-

Er hatte nicht nur nicht nach Ravenna zu kommen versucht, sondern handelte den daselbst vom Kaiser und den versammelten Fürsten gegebenen Gesetzen geradezu entgegen, vorschützend, es sei ihm von seinem Vater größere Gewalt und Selbstständigkeit übertragen worden.

Nach einem kurzen Aufenthalte zu Venedig, wo er auf das feierlichste empfangen worden war, traf der Kaiser Anfangs April in Aquileja ein. Daselbst fanden sich außer jenen Fürsten, welche nach Ravenna gekommen waren, noch ein: »Die Erzbischöfe von Salzburg und Mainz, die Bischöfe von Würzburg und Freising, der Graf von Görz u. a. Herzog Friedrich war abermals geladen worden, erschien aber nicht, denn er scheint sich auch dießmal hartnäckig[1] auf sein Privileg gestützt zu haben. Er verweilte während dieser Zeit ruhig in Wien oder in dessen nächster Umgebung (Erdberg)[2]; hier tritt er uns zum ersten Male als Herr von Krain (dominus Karniolae) entgegen. Die Babenberger hatten sich daselbst durch Ankauf freisingischer Kirchenlehen ein bedeutendes Territorium erworben, auch manches als Erbtheil des letzten Traungauers überkommen. Dieß[3] setzte sie in den Stand, dem Patriarchen von Aquileja gegenüber, der der eigentliche Landesherr war, selbstständiger aufzutreten. Nach[4] einer auf uns gekommenen Nachricht war Portenau circa 1230 nebst mehrerem Anderem Besitzthum des österreichischen Herzogs mit Ausnahme der Gerichtsbarkeit (wohl nur der hohen), welche noch des Patriarchen gewesen sei, der Herzog habe die Herrschaften in Krain von den Castelli's gekauft. Dem Namen nach scheinen diese Besitzungen des babenbergischen Hauses Lehen des Patriarchen[5] geblieben zu sein, in Wirklichkeit aber übte der Herzog über dieselben die volle Herrschaft aus, welche immer weiter um sich griff.

Zu den in Aquileja versammelten Fürsten gesellte sich des Kaisers ungehorsamer Sohn, Reue und Vorsatz zur Besserung zeigend. So hochfahrend auch seine Pläne gewesen sein mögen, so hatte er doch nicht den Muth gehabt, die Fahne des Aufruhrs und der Empörung gegen den eigenen Vater

burg am 17. März. Böhmen Reg. Friedr. p. 149 Nr. 692, Reg. Heinr. p. 240 Nr. 258 Huill. Bréb. IV. B. p. 564.

[1] Im erwähnten Briefe von 1236: Deinde nobis transeuntibus Aquilejam, cum eum (Frid.) ibidem videre vellemus, vocatus venire pueriliter recusavit.

[2] S. Meiler Reg. d. Bab. p. 149 Nr. 7, 8.

[3] Dazu gehörte wahrscheinlich Pordenone mit dem Amte eines Erzschenken von Aquileja. Vergl. Meiler Reg. d. Bab. Anmerkg 302 p. 245.

[4] Meiler Reg. d. Bab. Anmerkg. 435 p. 264.

[5] Im Jahre 1231 am 6. Juni belehnte der Patriarch Bertold österreichische Lehensleute, die Söhne des Söhne des Sigfried von Ragozza, die schon sein Vorgänger Wolfker an Herzog Leopold 1217 überlassen hatte, mit der Burg Toppi, s. Archiv f. österr. Gesch. 21. Band p. 207.

zu erheben. Die hier erfolgte Zusammenkunft zwischen Vater und Sohn war für beide höchst unangenehm. Heinrich mußte seinem Vater feierlich einen Revers ausstellen, worin er sich selbst für abgesetzt und exkommunicirt erklärte, wenn er das Versprechen nicht erfüllte, nichts zu unternehmen, was dem Kaiser an Land, Würde und Person nachtheilig wäre. Und um dem Kaiser noch eine festere Garantie seines Versprechens zu bieten, mußte er zwölf der versammelten angesehensten Reichsfürsten geistlichen und weltlichen Standes ersuchen, die Verpflichtung zu übernehmen, dem Kaiser gegen ihn beizustehen, wenn er das Versprochene nicht erfüllen sollte[1]. Hier war es auch, wo Konrad von Bußnang, wie oben erzählt wurde, vom Kaiser mit besonderer Gunstbezeugung ausgezeichnet wurde, denn gewiß hatte auch er, obwohl abwesend, nicht zum wenigsten beigetragen, daß der König für dießmal den betretenen Abweg verließ und zur Pflicht zurückkehrte.

Den Kaiser hatte das beharrliche Fernbleiben des Herzogs Friedrich von seinem Hofe jedenfalls unangenehm berührt. Wie wichtig mußte es ihm nicht geschienen haben, denselben auf seiner Seite zu erhalten, da er sich nun entschloß, ihn in seinem eigenen Lande aufzusuchen. Zu diesem Zwecke begab er sich Anfangs Mai nach Pordenone, dem bereits genannten österreichischen Enklave, während Heinrich direkt nach Deutschland zurückkehrte. Am 10. Mai treffen wir den Kaiser schon am bezeichneten Orte. Wollte nun der Herzog sich nicht als offenen Feind des Kaisers zeigen, so konnte er nicht anders, als hieher kommen, weil ihm durch die Reise desselben in sein eigenes Besitzthum jeder rechtliche Grund einer Weigerung seines Erscheinens benommen war. Die Anwesenheit Friedrichs in Portenau ist uns hinlänglich beglaubigt. Am 19. Mai[2] stellte er dort eine Schenkungsurkunde für Ulrich Pitter von Ragonea aus, im gleichen Monate erscheint er als Zeuge in einer Kaiserurkunde[3] für den Bischof von Meißen. Ueber die bei ihrem Zusammentreffen gepflogenen Unterhandlungen ist uns außer einigen Andeutungen in dem genannten Schreiben des Kaisers vom Jahre 1236 nichts bekannt. Nach demselben war er vom Kaiser würdig und freundlich empfangen worden. Durch Wort und That suchte ihn dieser zu gewinnen und versprach ihm, um dem Streite, der zwischen ihm und König Heinrich wegen der Zurückhaltung der Mitgift seiner Gemahlin entstanden war, 8000 Mark zu zahlen. Außerdem, versichert uns der Kaiser im nämlichen Briefe, habe er Friedrich mit kostbaren Gaben beschenkt und habe sich Mühe gegeben, ihn sich geneigter zu machen. In welcher Weise sich in der Folge das Verhältnis beider zu einander gestaltete, bleibt

---

[1] S. Böhmer Reg. Heinr. p. 240 Nr. 259.

[2] Meiler Reg. d. Bab. p. 130 Nr. 10.

[3] S. Böhmer Reg. Frider. p. 154, Nr. 739. — Der Herzog soll ein Gefolge von 200 Rittern mit sich geführt haben, so Cunentel in Rauch Script. I. p. 322.

ziemlich dunkel, aber gewiß unrichtig ist es, wenn man behauptet[1]), der Kaiser sei von Pordenone nach Apulien zurückgegangen mit nicht minderer Abneigung wider den Herzog Friedrich, als mit welcher er gekommen war. Im Gegentheile weist der Kaiser[2]) darauf hin, daß er bei seiner Zurückkunft nach Deutschland im Jahre 1205 auf den Herzog sein Vertrauen gesetzt habe. Nicht lange dauerte des Kaisers Aufenthalt auf österreichischem Boden, denn vor Pfingsten noch wandte er sich wieder dem Süden zu[3]), wo wir ihn am 18. Juli zu Melfi in Unteritalien antreffen.

Auch Herzog Friedrich kehrte bald in sein Herzogthum Oesterreich zurück. In den Sommermonaten hielt er sich in Unterösterreich auf, aus welcher Zeit wir mehrere Schenkungsurkunden[4]) desselben besitzen, so für die Klöster Melk, Lambach und Mariä-Zell. Im Herbste dieses Jahres erhoben sich an der österreichisch-bairischen Gränze Streitigkeiten[5]). Friedrichs zweite Gemahlin hatte ihm bei ihrer Vermählung die meranische Grafschaft Neuburg am Inn mit Schärding zugebracht. Herzog Leopold hatte dasselbe noch befestigen lassen und zwar mit Uebereinstimmung seines Nachbars, Herzogs Ludwig, des Kehlheimers[6]). Friedrich wollte sich jetzt auch des Klosters Formbach, das nahe dabei lag, bemächtigen und ließ es im September durch Muringer von Wesen besetzen[7]). Herzog Otto, der wie sein Vater, mit dem österreichischen Herzoge nie auf freundschaftlichem Fuße stand, wollte diesen Uebergriff Friedrichs nicht dulden und fiel etwa im März 1233 in Oesterreich ein. Zuerst wurde Friedrichs Besatzung aus Formbach vertrieben[8]) dann drang das bairische Heer auf seinem Nachezuge bis Wels vor, Brand und Verwüstung in seinem Gefolge führend; das Kloster Lambach[9]) ging bei dieser Gelegenheit in Flammen auf.

---

[1]) Die Rauch öst. Geschichte II. Band p. 414.

[2]) Nuper autem in Alemanniam venientes, quis de ipso (Fried.) fiduciam habebamus bei Erben Reg. Boem. l. c.

[3]) Godef. Colon. in Böhmers Fontes II. p. 364: Circa ascensionem (20. Mai) imperator in Apuliam regreditur navali itinere. Böhmer Reg. Fried. p. 154 Nr. 740.

[4]) S. Meiler Reg. d. Bab. p. 150 Nr. 11, 12, 13.

[5]) Vergl. Buchner Gesch. v. Baiern 5. Buch 1. Band p. 81.

[6]) Chron. Ravar. Bernardi Norici bei Pez II. p. 71: Ludovicus consensit duci Austriae Leupoldo, ut castrum Scherding coüstrueret.

[7]) Wir müssen hier der Darstellung Aventins Annal. Boiorum lib. VII. p. 668 folgen, da die vorhandenen gleichzeitigen Quellen darüber nichts mittheilen, Aventin scheinen gleichzeitige Berichte vorgelegen zu haben, die wir nicht kennen.
Das unmittelbar darauf folgende ist durch uns bekannte gleichzeitige Quellen bestätiget. Vergl. auch die Geschichte des Klosters Ranshofen im 17. B. d. Arch. für österr. Gesch. p 359.

[8]) Annal. Seldental. in Böhmers Fontes III. p. 527: Otto dux Bawariae occidit 400 latrones in Varnbach. Unter diesen »latrones« sind unstreitig Friedrichs Leute gemeint.

[9]) Contin. Lambac. ad A. 1233. Annal. S Rudp. Salisb. ad A. 1233. Hermannus Altah. in Böhmers Fontes II. p. 503.

Der babenbergische Herzog scheint diesem Einfalle keinen energischen Widerstand entgegengesetzt zu haben. Gleichwohl begnügte sich Herzog Otto mit diesen Erfolgen und kehrte bald wieder in sein Land zurück[1]. Der Grund seines Rückzuges lag offenbar in der feindlichen Stellung des Königs Heinrich, die ihm bedrohlich zu werden begann und ihn zwang, seine ganze Aufmerksamkeit auf sein eigenes Herzogthum zu richten.

Kaum war die Zeit des bairischen Krieges vorüber, so ersah sich der kampflustige Herzog wieder ein neues Feld seiner kriegerischen Thätigkeit. Groß- artig waren seine Rüstungen, welche diesmal Böhmen galten, denn nicht we- niger als 40.000 Mann[2] sollen sich um seine Fahnen geschaart haben, welche außerordentlich große Masse von Kriegsvolk er durch eine gegen Böhmen ge- richtete Coalition aufgebracht haben soll, zu der sich außer andern deutschen Fürsten, Elbert, Bischof von Bamberg, der Patriarch von Aquileja, der Graf Albert von Tirol, und der der wichtigste war, König Wenzels eigener Bruder Przemysl[3], Markgraf von Mähren vereinigten. Allgemein wird angenommen, daß dieser Zug nach Böhmen nur ein Racheakt des Herzogs war für jene Angriffe und Plünderungen, die sich die Böhmen im Jahre 1231 hatten zu

---

[1] Böhmer hat in seinen Wittelsbacher-Regesten wie manche andere (Buchner bair. Gesch. l. c. und Rauch öst. Gesch. II. p. 423, auch Meiler Reg. d. Bab. p. 265 Anmerk. 442) diesen Kriegszug in den Herbst des Jahres 1233 verlegt. Dagegen sprechen aber wichtige Gründe. Die Contin. Lambac. l. c. erzählt: Post haec (d. i. nach dem Rück- zuge der Baiern) parvo intervallo Fridericus dux Austriae aggregato exercitu ad 40 milia hominum terram Bohemiae intrare proposuit etc. Dieser Einfall Friedrichs in Böhmen wird durch die Contin. Sancruc. ad A. 1233 zeitlich näher bestimmt: Post octavam Joannis baptistae idem dux Fridericus Boemiam exercitu maximo intrare volens etc. Daraus ergibt sich deutlich, daß der bairische Einfall vor dem des Herzogs Friedrich nach Böhmen zu setzen ist, welcher übereinstimmend von den gleichzeitigen Quellen ins Jahr 1233 verlegt wird (und zwar Ende Juni). Wir möchten aber noch einen andern Beweis hinzufügen. Wir besitzen eine undatirte Urkunde Friedrichs für das Kloster Guben (Meiler Reg. d. Babenb. p. 153 Nr. 22). Der Herzog verleiht in derselben dem Kloster zwei Talente »cum ex guerris, quas hoc anno circa partes Bawariae nos conti- git exercere, gravia damna pertulerit.« Am Schluße des Schriftstückes befindet sich der für uns ebenfalls wichtige Beisatz »praesentibus (literis) a festo beati Georgii nunc instante per quinquennium continuum et non amplius valituria.« Der hier erwähnte Krieg mit Baiern ist jedenfalls kein anderer, als der oben besprochene. Die Urkunde ist nach oder frühestens während des Rückzuges Otto's im gleichen Jahre mit diesem (hoc anno) und kurz vor dem St. Georgius-Tage (24. April) ausgestellt, weshalb wir als Zeit des Einfalles des Baiernherzogs den Zeitraum zwischen Ende Februar und Anfang April, also den Monat März erhalten. Am 14. Februar 1233 stellte Otto noch zu Frankfurt eine Urkunde aus (Böhmer Wittelsb. Reg. p. 25). Nach dem Ge- sagten wäre Meiler zu verbessern, weil darnach diese Urkunde in den April 1233 ge- hört. (Zwei Kriege gegen Baiern lassen sich nicht nachweisen.)

[2] Contin. Lambac. ad A. 1233.

[3] Pulkawa zum falschen Jahre 1231, bei Dobner Monum. hist. Boem III. p. 214.

2

Schulden kommen laffen. Nach der bereits erwähnten Zeitangabe der Contin. Sancrus. brach Friedrich Anfangs Juli in Mähren ein. Gleich am Beginne war sein Unternehmen schon vom besten Erfolge begünstiget, indem die für uneinnehmbar gehaltene Veste Vettau und andere befestigte Orte in seine Hände fielen. König Wenzel von Böhmen sah sich nicht in der Lage, einem so großen Heere einen nachhaltigen und ausgiebigen Widerstand entgegenzusetzen und es aufzuhalten und zog daher mit seinen Leuten in das Innere des Landes zurück. Doch bald wurde er von seinem gefährlichen Dränger befreit, indem Friedrich erkrankte und in Folge dessen mit seinem ganzen Heere den Rückzug antrat. Daß dieser Rückzug in Folge einer gefährlichen Krankheit Friedrichs geschah, berichten die meisten österreichischen Chroniken.[1] Was die Zeitdauer dieses Krieges betrifft, so war dieselbe ziemlich kurz; im Felde lag man von der Mitte Juli bis zur Mitte August. Am 6. September stand[2] Friedrich bereits wieder in Steier, während König Wenzel am 25. August schon in Klabrub[3], nördlich von Vettau weilte.

Die babenbergischen Herzogthümer hatten aber nicht allein gegen Böhmen große Streitkräfte zu stellen, sondern sie mußten sich auch, während die kampfgeübte Mannschaft daselbst beschäftigt war, einem unerwarteten Einfalle der Ungarn entgegensetzen[4]. Diese hatten bei der Abwesenheit des Heeres und Führers den rechten Augenblick ersehen, um in Steiermark einzufallen und an Friedrichs Unterthanen Rache für die Verstoßung seiner ersten Gemahlin zu nehmen. Ein ungarisches Heer, wahrscheinlich unter der Anführung Bela's des erstgebornen Sohnes und Mitregentn des Königs Andreas, fiel in das genannte Herzogthum ein und begann seine verwüstende und zerstörende Thätigkeit. Eilig schaarten sich die herzoglichen Unterthanen des bedrängten Landes zusammen und bildeten ein bedeutendes, aber freilich ungeübtes, führerloses Heer. Die Ungarn gebrauchten List und ergriffen vor den anrückenden Gegnern scheinbar die Flucht. Als ihnen aber die ungeordneten Schaaren schon siegesgewiß nachsetzten, wurden sie in einen Hinterhalt gelockt, wo der größte Theil entweder dem ungarischen Schwerte zum Opfer fiel oder das wahrscheinlich nicht bessere Loos der Gefangenschaft theilte, welch' letzteres besonders die Vornehmen traf; kaum fünfzig sollen entkommen sein, um ihren Landsleuten die Unglücksbotschaft zu bringen. Auch auf Seite der Ungarn waren viele gefallen.

Außer seiner Krankheit mag Friedrich auch diese feindselige Haltung Ungarns von einem weiteren Vorgehen in Böhmen abgehalten haben. Wäre

---

[1] Contin. Lambac. ad. A. 1233. Annal. Mellic., Contin. Sancruc und Contin. Garstens.
[2] S. Meiler Reg. d. Bab. p. 151 Nr. 18.
[3] S. Erben Reg. Böhm. p. 382 Nr. 812.
[4] Diesen Einfall erzählt Contin. Sancruc. ad A. 1233.

ihm Krankheit allein das Hinderniß gewesen, so hätte er ganz tüchtige Kriegs-
männer in seiner Umgebung gehabt, die ihn ersetzen konnten, wie den Bischof
Ekbert von Bamberg, der höchst wahrscheinlich den Feldzug nach Böhmen
mitmachte, und sich schon gegen Kärnthen als geübten Krieger bewährt hatte.
Durch die Eroberung Bettau's und anderer fester Plätze hatte sich der Herzog
die Nordgränze für eine Zeit lang wenigstens gesichert und mußte daher bedacht sein, dem Feind, der ihm von Süden her in den Rücken kommen konnte,
entgegenzueilen. Wie bemerkt, finden wir ihn schon am 6. September, begleitet von Ekbert in Steier, aber für dieses Mal war sein Erscheinen zu
spät, denn die Ungarn hatten sich vor seiner Ankunft nach Verwüstung des
Landes, mit reicher Beute beladen, bereits in ihr Land zurückgezogen. Doch
dauerte es nicht lange, so sollte dem Herzoge die Gelegenheit werden, sich
persönlich mit seinem östlichen Nachbar im Kampfe zu messen. Andreas, der
alte König, sammelte abermals ein Heer und fiel damit, selbst den Oberbefehl
führend, Anfangs November[1]) in die herzoglichen Lande ein, indem er die
March überschritt und bis Höflein, dem heutigen Hof[2]), vordrang, natürlich
unter kriegsgebräuchlicher Verwüstung des betreffenden Landstriches.

Der Herzog ereilte den Feind und brachte ihm glücklich eine Niederlage
bei, viele wurden getödtet, mehrere Edle gefangen genommen, Andreas mit
dem Ueberreste seines Heeres über die March in sein Land zurückgedrängt,
bei welcher Gelegenheit die ungarische Stadt Theben[3]) von den nachsetzenden
Oesterreichern geplündert und zerstört wurde.

Auf solche Schläge hin war für Andreas keine Aussicht auf Erfolg vorhanden und er konnte daher nur schnell zu unterhandeln und Frieden zu erhalten wünschen. Auch Friedrich, dessen Länder durch die fast das ganze Jahr
hindurch dauernden Kriegsfälle aufs äußerste erschöpft waren, mußte darauf
sehen, möglichst bald einen friedlichen Zustand für dieselben herbeizuführen.
Der Friede, dessen nähere Bedingungen wir übrigens nicht kennen, war bald

---

[1]) Contin. Sancruc. ad. A. 1253: circa festum omnium sanctorum.

[2]) Daß hier nicht das heutige Höflein am rechten Ufer der Leitha gemeint ist, beweist
der Umstand, daß Theben in diesem Kriege hart mitgenommen wurde, welches am linken
Ufer der March, der Stadt Hof gerade gegenüber liegt, das heutige Höflein und Theben
sind außerdem durch die Donau geschieden.

[3]) Rauch öst. Gesch. II. B. p. 420 sagt, Theben sei von Andreas zerstört worden, und
hält es deshalb für eine österreichische Stadt. Aber dagegen spricht schon der Wortlaut der Quelle Contin. Sancruc.: Rex interfectis multis de suo exercitu et nobilibus
quibusdam captivatis et civitate Tewen exusta et depopulata alterius procedere non
valens, pro concordia laboravit.

Daß Theben 1254 zu Ungarn gehörte, beweist eine Urkunde Bela's von diesem
Jahre, worin er einem Kloster seine Güter in Theben bestätigt. (Fejer C. diplom.
Ung. IV. B. 2. Abthl. p. 216.)

geschlossen, ebenso scheint auch mit Böhmen ein Vertrag zu Stande gekommen zu sein, so daß uns, freilich nur auf kurze Zeit, alle drei Fürsten, Friedrich, Wenzel und Andreas als Befreundete erscheinen. Nach dem Friedensschluße soll Andreas[1] dem Herzoge in Neustadt einen Besuch erstattet haben und von demselben auf das freundlichste empfangen worden sein; bei dieser Gelegenheit schlossen beide ein Bündnis und Friedrich wurde vom Könige zu einem Gegenbesuche nach Ungarn eingeladen, dem er auch mit großem Geleite nachgekommen sein soll.

Die Erfolge, die der Herzog durch alle diese Kriege errungen hatte, beschränkten sich einzig darauf, daß sie seinen Besitzstand wahrten und den Ruf seiner Tapferkeit verbreiteten. Von Gebietsveränderungen erfahren wir nichts. Außer diesem hatte Friedrich durch jene Kämpfe, wodurch seine Unterthanen vieles gelitten hatten, nichts erreicht, im Gegentheile legten gerade diese den Keim seines späteren Zerwürfnisses mit dem Kaiser, das für ihn so folgenschwer werden sollte. Waren demnach die Errungenschaften aus den Ereignissen des Jahres 1233 für den Babenberger höchst unbedeutend, so waren sie um so wichtiger für den jungen staufischen König Heinrich, der während dieser Zeit stets seinen unheilvollen Weg der Auflehnung und des Verrathes am eigenen Vater verfolgte. Weil sein Angriff gegen Herzog Otto bald nach dem Kriege desselben mit Herzog Friedrich stattfand, so wollte man vermuthen, es habe ein Bündnis zwischen Heinrich und Friedrich zu gegenseitiger Hilfe und Vertheidigung bestanden; wir möchten dasselbe nicht behaupten. Wie wir gezeigt haben, kehrte Otto spätestens Mitte April aus Oesterreich in sein Land zurück, während Heinrichs bairische Invasion erst in das Ende August's fällt. Allerdings begann damals schon (im April) seine diesbezügliche Thätigkeit und wir haben auch bei der Erzählung des Rückzuges Otto's auf die Wahrscheinlichkeit hingewiesen, daß es gerade das Verhalten des Königs war, das ihn in sein Land zurückrief. Noch im März 1233 begann Heinrich[2] unzweideutige Beweise seines verrätherischen Vorhabens darzulegen. Heimlich hatte er bereits im Jahre 1232, einige Monate schon nach seiner geheuchelten Unterwerfung gegen seinen Vater Pläne zu schmieden begonnen. In dieser Beziehung hatte er geglaubt, an Herzog Otto einen Bundesgenossen zu finden, allein als er denselben auf dem großen Hoftage zu Frankfurt Anfangs August 1232[3] für seine Politik gewinnen wollte, ließ er dabei auf ernstlichen Wider-

---

[1] Contin. Sancrac. ad A. 1233.

[2] Vergl. Schirmacher ꝛc. III. B. p. 215 und Winkelmann's Abhandlung in den »Forschungen zur deutschen Gesch.« I. B. p. 32.

[3] Vergl. Annal. Scheftlar. in Quellen z. bair. Gesch. I. Band p. 385: Rex Heinricus magnam curiam in Frankenforte cum principibus regni celebravit ibique cum quibusdam principibus sibi consentientibus patri pro divisione regni rebellare deliberavit. Huic consilio dux Bawarine dum consentire noluisset, odium regis incurrit.

ſtand, ſo daß gerade Otto es war, gegen den er vor allen andern ſeinen Zorn und Haß auszulaſſen beſchloß.

Auf dieſe Weiſe entwickelten ſich die Dinge in Deutſchland ſo, daß Herzog Friedrich und König Heinrich einen gemeinſamen Feind hatten; jedenfalls kam letzterem die Verwidlung Otto's in öſterreichiſche Händel ſehr gelegen. Bemerkenswert iſt es auch, daß gerade zur Zeit, als der bairiſche Herzog ſich aus Oberöſterreich zurückgezogen hatte, am Hofe Friedrichs Anſelm von Juſtingen, der Reichsmarſchall, auftrat, der ihm Jahre 1234 bei den Lombarden als Geſandter Heinrichs erſcheint, um mit dieſen im Namen ſeines Herrn einen Bund gegen den Kaiſer abzuſchließen.

Schon die Thatſachen führten alſo beide Fürſten einander zu und bewogen ſie, die gemeinſame gegen Baiern gerichtete Politik auch gemeinſam zu verfolgen. War der Herzog durch ſeine Siege über Ungarn und Böhmen in die Lage verſetzt, ſeinem weſtlichen Nachbar, dem Herzoge Otto die Spitze zu bieten, ſo war das für Heinrich immerhin ein bedeutender Gewinn[1]); umgekehrten Falls war natürlich das Gleiche bei Friedrich der Fall; gleichwohl finden wir nirgends eine Andeutung eines förmlichen Bundes derſelben gegen Baiern oder den Kaiſer.

Und ſo verfolgte nun Heinrich ſeine Pläne immer weiter, wenn auch jetzt noch mit dem ihn ſtets charakteriſirenden Zug von Unbeſtändigkeit und unſicherer Schwankung. Gegen Herzog Otto war er Ende Auguſts mit bewaffneter Hand vorgeſchritten. Derſelbe hatte auf dieſe Zeit einen Tag nach Regensburg ausgeſchrieben, allein der König verhinderte denſelben, indem er mit einem auf dem Lechfelde geſammelten, 6000 Mann ſtarken Heere dahin eilte, wo wir ihn am 26. Auguſt antreffen. Otto verlegte die Verſammlung nach Landshut, nahm aber die Vermittlung des Salzburger Erzbiſchofes Eberhard an, welche den Kampf zwiſchen ihm und Heinrich keine größeren Dimenſionen annehmen ließ. Der Herzog ſtellte dem Gegner ſeinen fünfjährigen Sohn Ludwig als Geißel; ein ähnliches Schickſal traf den ebenfalls von Heinrich befehdeten Markgrafen von Baden.

Das waren die Vorgänge im Reiche, mit denen Friedrich durch ſein Verhältniß zu Herzog Otto wenigſtens indirekt in Berührung ſtand. Aber

---

[1]) Das deutet auch eine Stelle in den Annal. S. Trudport M. G. XVII. ad A. 1232 (richtiger 1233) an: Heinricus rex cum victorioso exercitu devicit ducem Bawariae et regem Boemiae. Vergl. Winkelmann ꝛc. p. 450.

Vergleichenswert möchte ſein: Am 25. Auguſt iſt König Wenzel in Kladrub, am 26. iſt Heinrich urkundlich das erſte Mal in castris gegen Otto (Huill. Bréh. IV. B. p. 620 not 1.) War nämlich Wenzel am genannten Tage in Kladrub, ſo folgt, daß der Einfall Friedrichs bereits einige Zeit vorüber war, während welcher die Kunde von ſeinem ſiegreichen Fortſchreiten zu König Heinrich dringen konnte. Kaum hatte alſo Herzog Friedrich gegen Böhmen Vortheile erlangt, ſo wagte ſich der König an Baiern

es waren noch andere Angelegenheiten, die seine Aufmerksamkeit in diesem Jahre in Anspruch nahmen und zwar seine Verhältnisse zu den in seinen Ländern reich begüterten bairischen Bischöfen; diesmal besonders mit denen von Freising und Bamberg. Sein Vater hatte vom Stifte Freising in Krain viele und große Lehen im Jahre 1228 übernommen[1]), außerdem hatte aber die genannte Kirche noch manche Besitzungen in Oesterreich und Steiermark. Zwischen Friedrich und dem Bischofe Konrad war nun ein Streit ausgebrochen, als ihre Ministerialen unter einander Ehebündnisse schlossen und Herzog und Bischof die Kinder aus solchen Ehen beanspruchten. Am 29. April kam jedoch zwischen beiden ein Vergleich zu Stande, indem bestimmt wurde, daß, wenn einer der herzoglichen Ministerialen mit der Tochter eines bischöflichen sich vermählte oder umgekehrt, die Kinder derselben und ihre Erbgüter zwischen ihnen zu gleichen Theilen getheilt werden sollten.[2]) In anderer Weise kam er mit dem Bischofe Ekbert von Bamberg in nähere Verbindung. Wir treffen beide im Laufe des Jahres 1233 als Bundesgenossen und den Bischof öfters in der nächsten Umgebung Friedrichs. Außer der Verwandtschaft, da Ekbert ein Meranier war, war es noch etwas anderes, was beide vereinigte.

Die Bamberger Kirche besaß unter anderem auch in Kärnthen bedeutende Länderkomplexe. Seit mehreren Jahren schon war Ekbert mit dem dortigen Landesherrn, dem Herzoge Bernhard in Streit gerathen. Herzog Leopold und Erzbischof Eberhard waren 1227 als Schiedsrichter aufgerufen werden und hatten damals entschieden.[3]) Wahrscheinlich bei jener Gelegenheit befestigte sich schon ein Bündniß zwischen Bamberg und Oesterreich; wenigstens finden wir Leopold im Jahre 1228 unter den Zeugen in zwei Urkunden[4]), die der bairische Herzog zu Gunsten des Bambergerstiftes ausstellte. Dieses freundschaftliche Verhältniß löste sich unter Friedrich nicht, sondern wurde durch die Vorgänge in Kärnthen noch inniger. Im Jahre 1233 nämlich war zwischen dem kriegerischen Bischofe Ekbert und dem Herzoge Bernhard[5]) abermals der Kampf ausgebrochen. Nach anfänglich glücklichen Erfolgen wurde der Bischof von einem Ministerialen des Herzogs, Heinrich von Vinkenstein, gefangen genommen. Seine Haft dauerte bis Ostern 1233, wo sich Herzog Friedrich für ihn beim Kärnthner verwandte und seine Freilassung bewirkte. Von dieser Zeit an hielt sich Ekbert mehrere Monate hindurch am österreichischen Hofe

---

[1]) Vgl. Krones Umr. d. Gesch. p. 99.

[2]) Meiler Reg. d. Bab. p. 151 Nr. 15. Vgl. Krones Umr. d. Gesch. p. 20.

[3]) Siehe Meiler Reg. d. Bab. p. 141 Nr. 223, Reg. v. Salzb. p. 240 Nr. 311.

[4]) Siehe Meiler Reg. d. Bamb. p. 143 Nr. 232, 235 Böhmer Reg. d. Wittelsb. p. 12.

[5]) Siehe Anal. S. Rudp. Salisb. ad A 1233. Contin. Skotor. ad A 1233. — Contin. Sancruc. ad A 1233, welche ausdrücklich die Befreiung durch den Herzog berichtet.

auf, und hat auch, wie schon bemerkt, höchst wahrscheinlich den Herzog auf seinem Zuge gegen Böhmen begleitet. Nicht lange vor dem böhmischen Kriege und unmittelbar darnach stellte der Herzog auf die Bitte des genannten Bischofs dem Kloster Gleink Privilegien aus, denn dasselbe hatte an Ekbert einen vielvermögenden Fürsprecher bei Friedrich gefunden; am 1. Mai war dem Kloster der Besitz der Pfarre Tiebach bestätiget, am 2. Juni war ihm das Recht des Fischfanges im Flusse Tucha verliehen und zugleich übernahm der Herzog die Vogtei und wiederholte mehrere Schenkungen, während er alle zusammen am 6. September[1]) nochmals bestätigte und denselben Mauthfreiheit zu Wasser und zu Lande hinzufügte. Nicht nur diesem Kloster und dem Stifte Steinz[2]) zu dessen Gunsten er ebenfalls um diese Zeit eine Urkunde fertigte, bewies er sich gnädig, sondern er führte in seinem Herzogthume Steiermark eine Corporation ein, die damals schon sehr weit verbreitet war und allenthalben großen Einfluß gewann und ausübte: die Deutsch-Ordensritter. Er errichtete nämlich in Gratz eine Commende derselben und stattete sie reichlich mit Gütern aus. Es war das gerade zur Zeit, da die Ungarn, wie bereits erzählt, zum zweiten Male in seine Länder einzufallen drohten und wahrlich, er hätte für sein bedrohtes Land kein besseres Bollwerk schaffen können, als den so kräftigen deutschen Ritterorden. Er gewährte den Mitgliedern desselben Mauthfreiheit[3]), entband sie von der landesherrlichen Gerichtsbarkeit mit Ausnahme von Diebstahl, Straßenraub und todeswürdigen Verbrechen, aber auch in diesen Fällen sollten die Güter des Bestraften der Commende zufallen. Mit der Errichtung dieses Ordens hatte er zugleich ein dem Kaiser treu ergebenes Element in seine Länder aufgenommen und eben das mag uns zum Beweise dienen, daß er damals wenigstens kein Anhänger der kaiserfeindlichen Parthei war.

Allein, wie eben die Dinge standen, so konnte es nur zu leicht den Anschein gewinnen, daß er den verrätherischen Plänen Heinrichs Vorschub leiste, da sie beide im Baiernherzoge ihren gemeinschaftlichen Feind sahen, und wie schon oben bemerkt, der Sieg des einen naturgemäß auch für den andern von Vortheil war. König Heinrich blieb, da ihm die Demüthigung des Herzogs Otto gelungen war, nicht auf halbem Wege stehen und erhob die Fahne des Ungehorsams und der Empörung gegen seinen kaiserlichen Vater immer offener und kühner. Wenn er auch in einzelnen Regierungsakten[4]) noch Unterwerfung gegen denselben zur Schau trug, so zeigte doch sein Vorgehen besonders auf dem Hoftage zu Frankfurt das gerade Gegentheil. Eben dahin hatte er auf Lichtmeß 1234[1]) einen Hoftag be-

---

[1]) Siehe Meiler Reg. d. Bab. p. 151, 152 Nr. 16, 17, 18.

[2]) Siehe Muchar Gesch. v. Steierm. V. B. p. 138.

[3]) Siehe Meiler Reg. d. Bab. p. 152 Nr. 19. — Die Urkunde steht in wörtlicher deutscher Uebersetzung bei Muchar ꝛc V. B. p. 130.

[4]) Vgl. Böhmer Reg. Heinrich p. 246 Nr. 311.

rufen zur Verkündigung eines allgemeinen Landfriedens. Diesen benützte er dann, um sich gegen die Anhänger des Kaisers neue Feindselig-keiten zu erlauben, vor allem gegen die Brüder Gottfried und Konrad von Hohenlohe, deren Burgen dem Angriffe fielen, den sein Bundes-genosse, Heinrich von Reisen, auf seinen Befehl unternommen hatte. Auch der Markgraf von Baden mußte wieder des Königs Mißgunst er-fahren, nachdem er wie Herzog Otto auf kaiserlichen Befehl seinen Sohn zurückerhalten hatte. Von allen diesen Begebenheiten erhielt Kaiser Friedrich in Italien gute Kunde. In Folge dessen war es ihm vor allem darum zu thun, sich mit dem Papste auf das engste gegen die wachsende Empörung zu verbinden[2]) und seine von Heinrich in Deutschland geschädigten Anhänger und Freunde in Schutz zu nehmen. Er hatte schon im Herbste 1233 auf die Nachricht der Vorgänge in Baiern augenblicklich befohlen[3]), die Geißeln frei-zugeben, dem Heinrich auch nachgekommen ist; und jetzt ergieng wieder der gemessene Befehl, dem Hohenlohe den zugefügten Schaden zu ersetzen, was ebenfalls geschah. Diese[4]) und etwas später der Markgraf reisten zum Kaiser nach Italien ab, um ihre bittern Klagen über des Sohnes Regiment und Willkür dort vorzubringen.

Gewiß erfuhr durch diese Boten der Kaiser auch die Vorfälle im Südosten des Reiches und somit Herzog Friedrichs Verhältnis zu seinen Nachbarfürsten. Hatten wir früher keinen Grund, einen Conflikt oder auch nur eine Entfremdung zwischen dem Kaiser und dem Babenberger an-nehmen zu müssen, so ist es um so wahrscheinlicher, daß der Kaiser jetzt die österreichischen Angelegenheiten mit um so mißtrauischerem Auge betrachtete, da sie mit der Sache seines Sohnes theilweise verflochten waren. Der kluge Staufen besaß übrigens Takt genug, für den Augenblick dem Herzoge gegenüber eine ruhig abwartende Stellung einzunehmen. Desto thätiger suchte er direkt oder indirekt gegen seinen Sohn zu wirken. Mit dem Papste auf dem besten Fuße stehend, vermochte er diesem bald das verbrecherische Wirken Heinrichs vorzustellen und Gregor seinerseits unterließ es nicht[5]), mit den schärfsten Waffen den Ungehorsamen und Eidbrüchigen zu bedrohen.

Herzog Friedrich hielt sich indessen den Ereignissen ziemlich ferne. Er scheint sich, soweit wir sein Itinerar kennen, während des ganzen Jahres

[1]) Siehe Chron. Erford. Böhmers Fontes II p. 391.

[2]) Vgl. Winkelmann ꝛc. I p. 454 u. Schirrmacher ꝛc. I p. 234.

[3]) Vgl. Heinrichs Manifest bei Huill. Bréh. IV. B. p. 684.

[4]) Siehe Böhmers Reg. Fried. p. 158 Nr. 775, p. 159 Nr. 785, auch Annal. Marb. Mon. G. XVI ad A 1234.

[5]) Siehe Böhmers Reg. Greg. p. 341 Nr. 83 und Huil. Bréh. IV D. p. 473. Reinald Annal. ecles. II p. 120.

1234 nie aus der Nähe von Wien begeben zu haben. Keine einzige Quelle weiß uns irgend einen Akt seiner politischen Thätigkeit gegen Außen von dieser Zeit mitzutheilen. Uebrigens erscheint nicht blos der südöstliche Theil sondern die meisten Gaue Deutschlands in einem eigenthümlichen Zustand der Ruhe, der der Schwüle gleicht, die einem herannahenden, verderbenbringenden Gewitter vorhergeht. Zu dieser zurückhaltenden Stellung mag den Herzog auch der Zustand bewogen haben, in den ein bedeutender Theil seines Landes durch Elementar-Ereignisse versetzt worden war. In kurzen, aber kräftigen Worten schildern uns die Zeitgenossen einen auf der Donau erfolgten Eis-stoß[1]), in Folge dessen der Strom sein Bett verließ und eine verheerende Ueberschwemmung anrichtete. Häuser und größere Gebäude, Waldungen und Felder fielen dem zerstörenden Elemente zur Beute, wobei auch viele Menschen zu Grunde giengen. Diesen Unfällen folgte bald eine sich weithin erstreckende, große Hungersnoth. Am 1. Mai dieses Jahres fand die Vermählung des Mark-grafen Heinrich von Meißen mit Friedrichs jüngster Schwester Constanze statt.[2]) Die Zahl der erschienenen Gäste war eine große und dient zum Be-weise, daß der Herzog zu dieser Zeit mit den meisten seiner Nachbarn in gutem Einvernehmen lebte. Außer seiner Mutter Teodora waren anwesend: die Könige von Ungarn und Böhmen, der Erzbischof von Salzburg, die Bischöfe von Passau, Bamberg, Freising und Seckau, die Herzoge von Sach-sen und Kärnthen, der Markgraf von Mähren und der Landgraf von Thü-ringen. Der Schauplatz der Feier war Stadlau, in der Nähe des heutigen Aspern. Herzog Otto von Baiern war nicht erschienen, ein Zeichen, daß Oester-reich und Baiern sich noch immer feindselig gegenüber standen; daß zwischen beiden die Feindschaft nicht in hellen Kampf ausbrach, verhinderten nur die Verhältnisse in den beiden Ländern. Scheinbar hatte Herzog Friedrich eine neue Stütze gegen Baiern erlangt, indem noch im Jahre 1233[3]) Bischof Ger-hard von Passau abdankte und der Suffragan-Bischof Rüdiger[4]) von Chiemsee an seine Stelle erhoben wurde, dessen Ordination in diesem Jahre stattfand. Einen andern treuen Freund und Bundesgenossen fand Friedrich am Bischofe Heinrich von Seckau, der zu dieser Würde im Jahre 1232 gelangt war.[5]) Schon am Beginne dieses Jahres 1234 erwies sich ihm der Herzog dankbar und gewogen, indem er durch ein Privileg[1]) wegen der großen Verdienste,

---

[1]) Contin. Sancruc. ad A 1234. — Annal. S. Rudp. Sals. ad A 1234 — Contin. Lambec. ad A. 1234. — Contin. Praed. Vind. ad A. 1234.

[2]) Contin. Sancruc. ad A. 1234, nach dieser Contin. Admont.

[3]) Contin. Sancruc. ad A. 1234.

[4]. Amtliche Funktionen Rüdigers kennen wir bereits vom Jahre 1233. S. Meiller Reg. Salzb. p. 261 Nr. 413, p. 262 Nr. 414, Reg. Boica II p. 224.

[5]) S. Annal. S. Rudp. Sal. ad A. 1232.

die sich Heinrich um ihn erworben habe, den Edeln und Ministerialen seiner
Länder gestattete, dem Seckauer-Bistume Schenkungen und Verkäufe unbe-
weglicher Güter zu machen.

Bald nach der Vermählungsfeier zu Stablau wurde in Ungarn[1]) eine
solche begangen, indem der alte König Andreas sich eine dritte Gemalin nahm,
Beatrix, die Tochter des Markgrafen von Este. Was die innern Zustände
Ungarns betrifft, so waren dieselben damals gerade nicht zum besten bestellt.
Der schwache, dem Einflusse verhaßter Höflinge zugängliche König[2]) hatte
zwar zu wiederholten Malen sowohl dem Volke und dem Adel, als auch dem
Papste die heiligsten Versprechungen[3]) zur Besserung der Zustände gegeben,
aber die Erfüllung derselben ließ seine ganze Regierungsdauer hindurch auf
sich warten. Das erregte natürlich oft Unzufriedenheit. Etwas straffer wurden
die Zügel der Regierung von seinem Sohne und Mitregenten, Bela dem IV.
angezogen, was zwar die regierungsfeindlichen Bestrebungen einzelner hemmen,
allein den allgemeinen Unmuth nicht beschwichtigen konnte. Die Unzufriedenen,
welche von jeher bei der Spannung, die zwischen Oesterreich und Ungarn
bestanden hatte, in ersterem eine geeignete Stütze finden konnten, scheinen
um diese Zeit wieder in babenbergischen Landen Verbindungen angeknüpft zu
haben, denn eben jetzt, in der zweiten Hälfte des Jahres 1234, begann sich
in Folge des schlechten Regimentes ein unruhiger Geist zu regen. Die Feinde
des Königs schickten[4]) an Friedrich Briefe mit gewissen Anträgen und Ver-
einbarungen und trugen dem Kaiser die Krone ihres Landes an. Aber ihr
Plan gelang ihnen nicht, die verrätherischen Briefe kamen nicht zu ihrem
Vermittler nach Oesterreich, sondern fielen in die Hände Bela's, wodurch
sehr begreiflich wird, daß das zur Zeit der Vermählungsfeier in Stablau be-
stehende freundschaftliche Verhältniß zwischen Andreas und Friedrich nicht von
langer Dauer sein konnte.

Ebenso wie Ungarn litt Baiern an innern Unruhen, indem sich Herzog
Otto mit seinen Landesbischöfen verfeindete. Das Chronikon Weichenstefanense
nennt uns als Feind des Wittelbachers nur den Bischof Conrad von Freising, hingegen die Annalen von Scheftlarn (fälschlich erst zu 1235) außer
diesem den Erzbischof von Salzburg nebst den Bischöfen von Regensburg und

---

[1]) S. Meiler Reg. b. Bab. p. 183 Nr. 21. Muchar ꝛc. V p. 139.

[2]) S. Feßler Gesch. v. Ungarn ed. Klein. Dessen Angabe p. 550, daß Friedrich bei dieser
Hochzeitsfeier zugegen gewesen sei, stützt sich nur auf eine Stelle im gefälschten Per-
nold Hanthalers (Fasti Campil. p. 1314).

[3]) S. Feßler p. 544.

[4]) Vgl. Epist. Jac. Praenestini ad Belam bei Kovachich Supplem. I. 21.

[5]) S. Rogerius Warasd. carmen mis. ed. Endlicher p. 261. Vgl. Maylath. Gesch. d. Mag.
I. B. p. 161.

Augsburg. Was die nähere Veranlassung zu diesen Kämpfen gab, ist uns unbekannt, daß sie im Zusammenhange[1] aber mit König Heinrichs Stellung zu Herzog Otto stehen, geht aus einem Schreiben[2] des Papstes hervor, worin dem kaiserlichen Hofkanzler der Auftrag ertheilt wird, die Bischöfe von Würzburg und Augsburg nebst dem Abte von Fulda wegen ihrer Anhänglichkeit an Heinrich zur Verantwortung vor den päpstlichen Stuhl zu laden.[3]

Die Situation Friedrichs hatte sich nach dem Gesagten gegen Ende des Jahres 1234 insoweit zum Schlimmeren gewendet, als er wieder auf zwei Seiten/sich von feindlich gesinnten Nachbarn umgeben sah, von Baiern und Ungarn, außerdem durch das bereits getrübte Verhältnis zum Kaiser, das nicht übersehen werden darf.

Von seiner Thätigkeit im Innern seiner Länder ist uns aus dieser Zeit nur ganz Weniges erhalten. Am 23. Oktober[4] bestätigte er alle Rechte und Besitzungen des Klosters Zwettl und nahm es unter seinen besonderen Schutz. Der Kuenringer geschieht bei dieser Gelegenheit keine Erwähnung mehr, keiner von den Nachkommen des einflußreichen Stifters erscheint als Zeuge: ein sprechender Beweis vom Verfalle ihrer Macht und ihres Ansehens. Herzoglicher Gunst erfreute sich um diese Zeit auch das Nonnenkloster Erla[5], welchem von Friedrich Mauth- und Zollfreiheit urkundlich verliehen wurde. Papst Gregor nahm sich des Klosters Melk an und verwandte sich brieflich beim Herzoge, daß er die Bemühungen desselben, seine durch verschiedene Umstände verlorenen Besitzungen wieder zu gewinnen, unterstützen möge. Am 27. November[6] erließ Gregor wie an die übrigen Fürsten, so auch an den österreichischen Herzog die Aufforderung, einen Kreuzzug zu unternehmen. Aber gerade unserem Herzoge konnte es im Hinblicke auf die Lage der Dinge nicht rathsam erscheinen, sein Land zu verlassen, obwohl ein abenteuerlicher Zug ins Morgenland ganz seinem Charakter entsprochen hätte; so aber war

---

[1] Dieß gilt jedoch nicht von allen, denn manche wie der Erzbischof Eberhard und Bischof Conrad von Freising hielten stets eifrig zum Kaiser.

[2] S. Böhmer Reg. Greg. p. 342 Nr. 97 und Huill. Bréh. IV. B. p. 531.

[3] Daß wir die Jahresangabe des Chron. Weih. acceptiren, dafür haben wir außer dem Briefe Gregors eben dieselben Gründe, die Böhmer angeführt hat. Vgl. Böhmer Reg der Wittelsb. p. 16. Fürs erste sind die Scheftlarer-Annalen überhaupt mit den Jahreszahlen nicht hinreichend verläßlich und für's zweite kam ja 1235 der Kaiser selbst nach Deutschland und stellte den Landfrieden wieder her, so daß es den Bischöfen in diesem Jahre schwer geworden sein würde, mit Herzog Otto, dem bedeutendsten Anhänger des Kaisers in Süddeutschland Streitigkeiten anzufangen, wollten sie nicht als Parteigänger Heinrichs und offene Rebellen erscheinen.

[4] S. Meiler Reg. d. Bab. p. 154 Nr. 24.

[5] S. Meiler Reg. d. Bab. p. 154 Nr. 26.

[6] S. Meiler Reg. d. Bab. p. 154 Nr. 25.

feine kampfbereite Gegenwart notwendig, um feine Länder gegen die Einfälle zahlreicher Feinde sicher zu stellen.

Wie schon bemerkt, war der Markgraf von Baden zum Kaiser in der
zweiten Hälfte des Jahres 1234 abgereist, um bei ihm selbst feine Klagen
anzubringen, zugleich aber stellte er auch vor[1]), wie notwendig feine Gegenwart bei so bewandten Umständen sei und suchte ihn zu überreden, Italien
zu verlassen und persönlich nach Deutschland zu kommen. Dazu mögen dann
weitere Ankömmlinge von dorther nicht wenig beigetragen haben, nämlich die
beiden Gesandten Heinrichs, der Erzbischof von Mainz und der Bischof
von Bamberg.[2]) Als Heinrich sah, daß auch vom Papste alle Hebel
gegen ihn. in Bewegung gesetzt würden, so entschloß er sich zu einem
äußersten Schritte. Am 2. September erließ er von Eßlingen aus an den
Bischof Konrad von Hildesheim ein (höchst interessantes) Schreiben[3]),
das feine bisherigen Regierungshandlungen rechtfertigen sollte. Es war
von geübter Feder verfaßt und wußte geschickt, dem Uneingeweichten Sand
in die Augen zu streuen d. h. den Kaiser feinem Sohne gegenüber als unge-
recht, ja grausam hinzustellen. Der König suchte den Versöhnlichen und
Nachgiebigen zu spielen und schickte unmittelbar nach dem Erlaße dieses
Schriftstückes die genannten zwei Kirchenfürsten zum Zeichen der Unterthänig-
keit an feinen Vater, um diesem die völlige Unterwerfung unter feine Befehle
zu bezeugen.[4]) Allein beide Bischöfe waren denn doch zu rechtlich gesinnte
Männer, als daß sie hätten länger das Spiel der Heuchelei und Lüge für
den König treiben wollen: beide kehrten mit dem Kaiser als treue Anhänger
feiner Sache zurück. Gleich nach Veröffentlichung dieses Manifestes begab
sich Heinrich nach Boppard[5]), wo er von allen Städten das eidliche Versprechen forderte[6]), ihn gegen jedermann, also auch gegen den Kaiser zu
unterstützen. Aber sogar mit den Reichsfeinden trat er jetzt in unmittelbare
Verbindung. Im November schickte er deshalb Gesandte[7]) darunter den
Anselm von Justingen, an die Lombarden, um mit ihnen in feinem Namen
Freundschaft und Bündnis zu schließen, das schon am 17. Dezember[8]) zu
Stande kam und dem durch Absendung von Gesandten an den König von

[1]) Annal. Marbac. Mon. G. XVII. p. 178: suggerens ei, ut intraret Alemanniam pro statu
regni ordinando.

[2]) Im November find sie am kaiserlichen Hofe s. Böhmer Reg. Fried. p. 159 Nr. 783.

[3]) Bei Böhmer Reg. Heinr. p. 250 Nr. 352 und Huill. Bréh. IV. p. 681.

[4]) Im späteren Manifeste des Kaisers heißt es ausdrücklich: quos (rex) ad nostram prae-
sentiam destinavit, per quos se nobis paratum exposuit ad omne nostrae beneplacitum
majestatis. Huill. Bréh. IV. p. 524.

[5]) S. Godefr. Colon. in Böhmers Fontes II. p. 366.

[6]) S. Böhmer Reg. Heinr. p. 250 und 251.

[7]) S. die betreffenden Briefe Heinrichs in Huill. Bréh. IV. B. p. 695, 696.

[8]) S. Huill. Bréh. IV. B. p. 704.

Seite der Städte des Bundes Ausdruck gegeben wurde[1]). Aehnliches wurde mit Frankreich verfucht aber vergebens. In Deutschland felbft fand er fehr wenig Boden zu feinem Unternehmen, denn von den weltlichen Großen konnte er fich auf keinen verlaffen und von den geiftlichen hatten ihm gerade die einflußreichften (wie der von Mainz und Bamberg) den Rücken gekehrt. Was den Herzog Friedrich betrifft, fo müffen wir geftehen, daß wir hier eine fehr dunkle Periode feines Lebens vor uns haben. Wollten wir den maßlofen Anfchuldigungen im kaiferlichen Auflagefchreiben[2]) gegen ihn vom Jahre 1236 unbedingten Glauben beimeffen, dann freilich müßten wir in ihm den engen Verbündeten des rebellifchen Königs erkennen, allein dazu können wir uns aus Gründen nicht verftehen. Haben wir früher ein freundfchaftliches Verhältniß Friedrichs zu Heinrich nur in fo ferne ange- nommen, als es fich auf ihren gemeinfchaftlichen Gegner, den Herzog Otto bezog, fo vermögen wir auch jetzt kein Bündniß des Herzogs mit Heinrich und den Lombarden[3]), wie es im erwähnten Schreiben vorgeworfen wird, zu erkennen. Allerdings fehlt uns jede Andeutung einer gleichzeitigen Quelle, die ihn von dem fo häufigen Verdachte befreien könnte, aber ebenfo wenig fpricht irgend eine dafür; denn daß die Ausfagen im Briefe des Kaifers äußerft behutfam aufzunehmen feien, werden wir am gehörigen Orte zeigen. Ein offenes Zufammengehen mit Heinrich, das direkt gegen den Kaifer ge- richtet gewefen wäre, wird man nicht vorausfetzen können, da es Friedrich fonft kaum unternommen haben würde, gleich den übrigen getreuen Reichs- fürften dem aus Italien heranziehenden Kaifer entgegen zu eilen. Derfelbe hatte endlich dem Drängen feiner Freunde nachgegeben und fich entfchloffen, in eigener Perfon feinem Sohne entgegen zu gehen und Ruhe und Ordnung in den bereits ftark zerrütteten deutfchen Landen wieder herzuftellen. Im Mai fchiffte er fich zu Rimini ein und gelangte noch im felbigen Monate nach Civldale[4]), wo feiner bereits ein großer Theil der Reichsfürften geiftlichen und weltlichen Standes harrte und ihn nach Gebühr empfieng. Von da

---

[1]) S. Monach. Paduan. bei Muratori VIII. B. p. 679: Ad petitionem Heinrici regis Mediolanenses et alii adientes imperium legatos in Allemaniam direxerunt et cum eo contra imperatorem societatem firmissimam statuerunt. S. auch Annal. Argentin. in Böhmers Fontes III. p. 108.

[2]) Bei Erben Reg. Boem. p. 388, wo es fälfchlich zum Jahre 1230 fteht und Huill. Bréh. IV. Bd. p. 852.

[3]) L. c.: ut (Frid.) cum Mediolanensibus et aliis inimicis noftris contra honorem noftrum et imperii moliretur.

[4]) S. Richard d. S. Germ. bei Muratori VII. p. 1035: Eodem mense Junio de felicibus Imperatoria auspiciis literae venerunt in regnum, quo modo apud Sibidatum a principibus imperii magno fuerat cum honore receptus, nullo obstante Allemaniam intrans.

setzte er seinen Weg fort ohne Truppen, aber wohl versehen mit Geld und im mächtigen Gefühle des Rechtes. Herzog Friedrich nahm keinen Anstand, seinem kaiserlichen Herrn entgegen zu eilen. Kaum war die Nachricht angelangt, daß sich derselbe nach Deutschland begeben werde, so wandte er sich schon dem Süden[1]) zu. In Neumarkt traf er zu ihm und den um ihn versammelten Fürsten: Eberhard, Erzbischof von Salzburg, den Bischöfen: Ekbert von Bamberg[2]) und Konrad von Freising, den Herzogen von Kärnthen und Lothringen, Grafen Meinhard von Görz u. a. Es erscheint hier abermals auffallend, daß der Herzog, während die anderen Fürsten bereits in Cividale zum Kaiser stoßen, demselben erst in seinem Lande und wäre es auch auf der äußersten Gränze, sich anschließt; er scheint sich auch da wieder, wie vor drei Jahren an den Wortlaut des Privilegiums streng gehalten zu haben.

Es kann nicht in Abrede gestellt werden, daß eine gewiße Spannung zwischen dem Staufen und Babenberger geherrscht habe, da letzterer dem Kaiser durch seine Feindseligkeiten mit Herzog Otto von Baiern wenigstens als ein mittelbarer Beförderer des Aufstandes Heinrichs erscheinen mußte und andererseits es dem Herzoge nicht gleichgültig sein konnte, daß sein Gegner Otto sich gerade von kaiserlicher Seite besonderer Gunst erfreute. Was aber zwischen beiden eine förmliche Trennung veranlaßte, wird man größtentheils auf Rechnung von Friedrichs Unbeugsamkeit setzen müssen.

Wie schon bemerkt, hatte sich noch im Laufe des Jahres 1834 in Ungarn eine dem Königshause feindliche Parthei gebildet, welche naturgemäß am österreichischen Herzoge ihre Stütze suchen mußte. Bela konnte die zahlreichen politischen Fehler seines altersschwachen Vaters nicht gut machen und durch strengere Verwaltung und durch strafferes Regiment die Unzufriedenheit im Lande nicht bewältigen. Herzog Friedrich scheint nun ernstlich an ein Eingreifen in Ungarn gedacht zu haben, denn da sich einmal eine Rebellen-Parthei daselbst gebildet hatte und ihr Augenmerk auf ihn richtete, so war es für ihn, den kampf- und ruhmgierigen Ritter nur eine allzulockende Gelegenheit, bei einem solchen sich darbietenden Falle seine Hände, wenn auch nicht nach dem ganzen, so doch nach einem hübschen Theile des Reiches auszustrecken. Um die gleiche Zeit entspann sich wieder auch ein Streit mit Böhmen, der übrigens wohl mit seinem Verhältniße zu Ungarn im Zusammenhange steht, da, wie wir schon früher zu sehen Gelegenheit hatten, in einem Kampfe mit Oesterreich, Ungarn und Böhmen mit einander Hand in Hand gingen. Der Kaiser, dem es sehr daran gelegen sein mußte, in allen Reichstheilen den Frieden zu erhalten oder herzustellen, suchte auch

---

[1]) Bereits am 27. April treffen wir ihn in Pettau, im südlichen Steiermark, s. Meiler Reg. d. Bab. p. 154 Nr. 28.

[2]) S. Böhmer Reg. Frid. p. 151 Nr. 794.

diesen verhängnisvollen Knoten zu lösen und den Herzog mit beiden Königen auszusöhnen. In dieser Beziehung standen sich aber die Anschauungen Friedrichs und des Kaisers schroff gegenüber. Der König von Böhmen war zu einem Ausgleiche bereit, nicht so der österreichische Herzog, denn er scheint nicht gewillt gewesen zu sein[1]), seinen Plan gegen Ungarn aufzugeben, was jedenfalls eine Hauptbedingung zu einer Einigung gewesen wäre. Dazu kam aber noch ein anderes Moment, das die ohnehin schon erregten Gemüther noch mehr erbitterte. Daß es zu einem Unternehmen, wie es der Herzog im Sinne hatte, vielen Geldes bedurfte, um seine arpadenfeindlichen Anhänger zu befestigen und deren anzuwerben, wußte er selbst recht gut. Aber seine eigenen Unterthanen allein mit den Lasten eines jedenfalls ausbrechenden Kampfes zu beschweren, mochte ihm zum mindesten nicht räthlich, wenn nicht unmöglich erscheinen, da sie ja ohnehin schon so Hohes geleistet hatten und da aus einzelnen Andeutungen[2]) zu schließen, dieses ewige Kriegführen, mochte es auch bis jetzt noch eine gewisse Berechtigung gehabt haben, bereits Unwille und Unzufriedenheit erregt hatte. Dazu kam noch, daß ein Krieg, zur Eroberung von Ungarn unternommen, sich keinerlei Sympathien unter den Bewohnern Oesterreichs und Steiermarks erfreuen konnte, da beide Länder bei einer eventuellen Vereinigung mit Ungarn in ihren materiellen und nationalen Interessen nur verlieren mußten. Mit Uebergehung des Interesses des eigenen Landes aber sich nur dem des Landesherrn zu opfern, dagegen hatte schon das Erwachen und das Aufblühen des niedern Adels und des Bürgerstandes, die nicht in der Vergrößerung der fürstlichen Macht ihr Heil erblickten, zur Genüge Sorge getragen. Um sich also Mittel zu verschaffen, wandte sich der Herzog an den Kaiser mit der Forderung, ihm 2000 Mark zu übergeben. Ausdrücklich hatte er dieselben zu einem Kriege gegen Ungarn und Böhmen verlangt[3]). In wie weit seine Geldforderung überhaupt berechtigt war, vermögen wir nicht zu beurtheilen, möglich aber ist es allerdings, daß sie einen rechtlichen Grund hatte, da ihm der Kaiser nach seinem eigenen Geständnisse im Jahre 1252 8000 Mark versprochen hatte zur Beilegung des Streites über die Mitgift Margarethas, der Gemahlin Heinrichs. Von einer erfolgten Auszahlung wissen

---

[1]) Annal. Erford. in Böhmers Fontes II. p. 395: Imperator transiens vero Austriam discordiam, quae inter regem Boemiae ac ducem Austriae fuerat exorta, conabatur sopire, non valebat propter intollerabilem superbiam ducis ac stultitiam, rege tamen parato ad compositionem.

[2]) Zum Jahre 1233 berichten die Annal. S. Rudp. Salisb.: Dux Austriae magnum exercitum contra regem Boemiae primo collegit et Moraviam intravit et secundo alium exercitum adversum regem Ungariae collegit, sed postea plures ministerialium suorum in Marchia et in Austria contra eum conspirant.

[3]) Im kaiserlichen Schreiben von 1256 l. c.

wir nichts. Sei dem übrigens, wie ihm wolle; so viel steht fest, daß der
Kaiser auf seine Forderung nicht nur in keiner Weise einging, sondern ihn
überhaupt von einem Kriege gegen die Nachbarstaaten abzubringen trachtete.
Abgesehen davon, daß es bei aller innern Zerfahrenheit der Ungarn zu ihrer
Unterwerfung eines Aufwandes von Kräften bedurft hätte, die dem Herzoge
nicht zu Gebote standen, so war der Kaiser ein zu kluger Politiker, als daß
er die Macht eines Herzogs, den er ohnehin nicht zu seinen verläßlichsten
Freunden zählen konnte und dessen Ländergebiet so schon eines der größten
im Reiche war, durch Eroberung eines Königreiches hätte zu einer sehr gefährlichen Größe heranwachsen lassen. Mochte also die Geldforderung Friedrichs an sich noch so gerechtfertigt sein, der Kaiser konnte sie klugerweise
unter solchen Umständen nicht erfüllen. Freilich war für ihn dadurch augenblicklich nichts gewonnen, sondern er drängte durch seine entschiedene Weigerung,
die Pläne des Herzogs zu billigen und zu unterstützen, denselben zur Gegen-
parthei hin. Wie uns der Kaiser versichert, hätte ihm Friedrich sogleich nach
der Ablehnung seiner Forderung den Gehorsam gekündigt, allein der Bruch
scheint dennoch erst allmählig sich entwickelt zu haben, da Friedrich vom Kaiser
in einer Urkunde, die dieser bei seiner Durchreise im Juni zu Wels[1] ausstellte, noch sein »princeps dilectus« genannt wird. Bemerkenswert ist es
übrigens, daß der Herzog in Wels schon nicht mehr in der Umgebung des
Kaisers gewesen zu sein scheint, obwohl er sich noch auf österreichischem Gebiete befand. Friedrich konnte also, wie aus dem Gesagten hervorgeht, bei
einer Unternehmung gegen Ungarn oder Böhmen nicht nur auf keine Unter-
stützung von kaiserlicher Seite hoffen, sondern er war im voraus kaiserlicher
Ungnade sicher, wenn er sein Vorhaben ausführen würde. Anstatt nun den
Forderungen einer gesunden Politik und des dem Kaiser schuldigen Gehorsams
Folge zu leisten, horchte er jetzt nur auf die Einflüsterungen seines tollkühnen
Ehrgeizes und falscher Freunde und rüstete wirklich mit Aufbietung aller seiner
Kräfte ein Heer gegen Ungarn aus[2], dessen Stärke auf 30000 wohlbewaffnete
Krieger angegeben wird. Mit diesem bedrohte er im Juli oder August des-
selben Jahres das Land, dessen Könige jedoch indessen nicht saumselig gewesen
waren und mit einem angeblich 200000 Mann zählenden Heere ihrem Feinde
entgegengezogen. Friedrich sah sich bitter getäuscht: anstatt daß diejenigen,
welche ihn gerufen und sich mit ihm verbündet hatten, zu gleicher Zeit los-
schlugen und den Rücken des ungarischen Heeres bedrohten, verhielten sie sich

---

[1] S. Böhmer Reg. Frid. p. 161 Nr. 795, wörtlich bei Hagn Urkundenbuch von Kremsmünster p. 80 Nr. 63.

[2] Contin. Sancruc. ad A. 1253, in welchem zwar Ungarn als angreifender Theil erscheint,
woran man jedoch mit Recht zweifeln kann, wenn man Friedrichs diesbezügliche Verhandlungen mit dem Kaiser in Betracht zieht.

vollständig in Ruhe; seinen eigenen Leuten aber fehlte der rechte Geist, da
ja dieser Krieg, wie schon bemerkt, unter den österreichischen und steirischen
Unterthanen sich keiner Sympathien erfreute. Bela erreichte seine Streitmacht und schlug sie aufs Haupt, denn Friedrichs Truppen begannen noch
vor dem eigentlichen Kampfe schon in wilder Flucht sich aufzulösen. Ihr
Widerstand soll so gering gewesen sein, daß kaum 300 Ungarn hinreichten,
um den Flüchtigen nachzusetzen. Jetzt folgte, wie immer, eine schreckliche Verwüstung des Landes durch Feuer und Schwert, und ohne Gegenwehr zu
finden, streiften die ungarischen Krieger bis vor die Mauern Wiens. Während auf diese Weise das Land am rechten Donauufer der Verheerung des
erbitterten Feindes preisgegeben war, gestalteten sich für Friedrich die Dinge
auf dem linken nicht günstiger. Zu gleicher Zeit, da der Herzog gegen die
Ungarn im Felde lag, waren die Böhmen, die stets schlagfertigen Bundesgenossen derselben, wenn es galt, dem österreichischen Herzoge eine Schlappe
beizubringen, von Norden her in's Land eingefallen und bis an den Donau-
strand vorgedrungen. Offenbar strebten sie die Vereinigung mit dem ungarischen Heere an, und schon trennte nur mehr der breite Strom die Verbündeten: die Böhmen standen vor Stablau, die Ungarn ihnen gegenüber am
andern Ufer. Friedrich konnte es als ein außerordentliches Glück betrachten,
daß gerade um dieselbe Zeit tagelang dauernde Regengüsse die Wogen der
Donau so hoch anschwellten, daß sie ihre Ufer verließen und die ganze Umgebung unter Wasser setzten, weshalb sich König Wenzel genöthigt sah, den
angestrebten Uebergang über die Donau aufzugeben und sich zurück zu ziehen.
Derart wurde es dem Herzoge wenigstens möglich, Verhandlungen mit seinen
Bedrängern anzuknüpfen, welche denn auch bald zu einem Friedensschluße
führten. Territoriale Veränderungen scheinen nicht vorgenommen worden zu
sein, dagegen mußte Friedrich den Abzug der Feinde mit hohen Summen
theuer erkaufen. Jetzt stand seine Lage allerdings sehr schlimm. Neben der
Besteckung seines Schlachtenruhmes hatte er sich durch den kläglichen Ausgang
seines Unternehmens die eigenen Unterthanen völlig entfremdet, er hatte dem
ausdrücklichen Willen des Kaisers entgegen gehandelt und dadurch auch von
dieser Seite nur Unangenehmes zu befürchten[1]. Sein alter Feind Herzog
Otto war durch die Ankunft des Kaisers neu gestärkt und harrte nur einer
günstigen Gelegenheit, um sich rächen zu können.

---

[1] Annal. Mellic., Codex S. Petri Salsb. ad A. 1235. Diese Vorgänge erzählt mit ver-
hältnismäßiger Genauigkeit Contin. Sancruc. II. ad A. 1235. Dieser Krieg ist nicht,
wie Feßler Gesch. d. Ung. ed. Klein gethan hat, in das Jahr 1236 zu setzen; dagegen
spricht schon die Uebereinstimmung in den Jahresangaben der gleichzeitigen Aufzeichnungen, sowie das kaiserliche Manifest vom Jahre 1236, welches diesen Krieg ausdrücklich um die Zeit des Mainzer Reichstages (15. Aug. 1235) angibt.

War das Verhältniß Friedrichs nach Außen kein geregeltes, sondern nur ein unheilvolles, so waren die Zustände im Innern seiner Länder kaum besser[1]).

Durch die letzten unglücklich geführten Kriege waren seine Kräfte erschöpft, die geschlagenen Truppen waren unzuverlässig, die Kassen leer. Er mochte wohl einsehen, daß bei seinem Verhältnisse zum Kaiser ein baldiger Sturm in Aussicht stehe und mußte daher bedacht sein, einem solchen möglichst gerüstet die Stirne bieten zu können, wenn er sich nicht einem demüthigenden Akte unterziehen wollte. Bei der völligen Erschöpfung seiner Unterthanen griff er zu Gewaltmaßregeln. Er erhob in seinen Ländern eine außerordentliche Steuer, sechzig Denare von jeder Manse, ließ seine Leute zu gleicher Zeit alle Klöster, die sich durch Immunitäten sicher glaubten, überfallen und alles gefundene eigene und fremde, dort zur Aufbewahrung niedergelegte Geld entführen. Es ist leicht begreiflich, wie sehr ein solches barbarisches Vorgehen[2]) die Gemüther der ohnehin schon erbitterten Bevölkerung erregte. Aber nicht blos die unmittelbaren Unterthanen traf seine bedrückende Willkür, sondern auch jene, welche auf den Besitzungen auswärtiger Fürsten in seinen Landen saßen, als da waren: Die zahlreichen Ministerialen und Dienstleute des Erzbischofes von Salzburg, der Bischöfe von Freising, Passau, Regensburg und Bamberg und mehrerer weltlicher Fürsten; von allen diesen nahm er die Beträge, die sie an ihre Grundherrn zu entrichten hatten. Dadurch aber machte er sich auch die genannten Fürsten zu Feinden[3]), mit denen er doch bisher immer auf freundschaftlichem Fuße gestanden war.

Gegen Salzburg sperrte er, wie es heißt, auf den Rath der Juden, die wahrscheinlich mit ihm Geldgeschäfte hatten, alle Ausfuhr[4]) von Getreide und Wein. Selbst das Privateigenthum seiner Mutter Teodora[5]) zog er an sich und ließ ihr kaum das Nöthigste, so daß sie sich gezwungen sah, nach

---

[1]) Albericus Monach. trium fontium in Access. hist. Leibnis. p. 555 ad A. 1235: Dux Austriae, Fridericus a rege Ungariae devictus et quasi a probitatibus patris omnino alienus, de die in diem se habebat deterius ut juvenis.

[2]) Die Contin. Sancruc. II. ad A. 1236 schließt, nachdem sie diese Facta erzählt hat: Initium dolorum fuerunt haec et causa dejectionis suae.

[3]) Contin. Sancruc. II. ad A. 1235: qui (principes) querimoniam faciebant propter res suas sibi immerite ablatas. So auch im kaiserlichen Manifeste 1236 l. c.: principes imperii, videlicet te regem Boemiae venerabilem Salzburgensem archiepiscopum, Brandenburgensem (rectius Babenbergensem) Pataviensem, Ratisponensem, Frisingensem episcopos, Bawariae ducem et Moraviae marchionem non dubitavit offendere, auferens eis jura et redditus, quae in Austriae et Styriae ducatibus possidebant.

[4]) Annal. S. Rudp. Salisb. ad A. 1235. Vergl. auch die spätere Urkunde vom 25. August 1240 bei Meiler Reg. d. Bab. p. 162 Nr. 62.

[5]) S. Contin. Sancruc. II. ad A. 1236.

Böhmen zu flüchten. Noch im Juli 1236 verpfändete er dem Bischofe von Freising den Markt Aspach für 500 Mark[1]).

Während so der Herzog alles aufbot, um sich Mittel zur Vertheidigung zu verschaffen, begannen sich bereits die Folgen seines heillosen Vergehens zu entwickeln. Allerseits, sowohl in Oesterreich, wie in Steiermark erhoben seine Unterthanen (Ende 1235) die Fahne der Empörung[2]), die meisten Städte, Wien voran, kündigten ihm den Gehorsam, überall im Lande herrschte Verwirrung und Unordnung. Die empörten Einwohner unterließen es nicht, an den Kaiser eine Gesandtschaft[3]) abzuschicken, um über ihren Herzog ernstliche Klage zu führen.

Unterdessen hatten auch die Dinge in Deutschland einen für Friedrich ungünstigen Verlauf genommen. Von Neumarkt weg hatte sich der Kaiser nach Admont[4]) begeben, wo er, festlich empfangen, das Pfingstfest beging. Von dort begab er sich nach Wels, wo wir ihn bereits getroffen haben. Vor der Mitte Juni war er schon in Regensburg[5]), wohin ihm Herzog Otto entgegengeeilt war und sich jetzt mit ihm auch äußerlich versöhnte, nachdem sie es thatsächlich schon geraume Zeit waren. Am 17. Juni finden wir ihn in Nürnberg, von wo er nach Worms eilte, um daselbst die Unterwerfung seines Sohnes entgegenzunehmen. Dessen Stern war schnell verblichen, als des Kaisers Fuß den deutschen Boden betrat. Seine einsichtsvollsten Räthe, wie Conrad von Bußnang, hatten ihn verlassen, als sie die böse Bahn erkannt hatten, die er betreten. Die Zeit seines Königtums begann abzulaufen, unstät und rathlos irrte er am Mittelrheine umher, verlassen von allen Bessern. Nachdem ihm im April ein beabsichtigter Handstreich auf Worms[6]) mißlungen war, sah er wohl selbst schon seine Sache für verloren an. Noch zweifelnd, ob er einer besseren Regung, sich reuig dem Vater zu unterwerfen, folgen sollte, gab er endlich derselben nach und schickte Boten an den Kaiser, welchem sie seine unbedingte Unterwerfung ankündigen sollten. Zu Worms nahte er sich dem

---

[1]) S. Meiler Reg. d. Bab. p. 156 Nr. 37. Wie man die Dinge verdrehen kann, zeigt uns hier Rauch ꝛc. II. B. p. 448; wo er schreibt: „Friedrich der Streitbare, ungeachtet er die Annäherung des ihm gedrohten Krieges und den Bischof Konrad von Freising unter der Zahl seiner Feinde wußte, hatte die Großmuth, noch im Heumonate diesem Bischofe die für die in Krain erkauften Herrschaften noch rückständigen 500 Mark Silber zu bezahlen."

[2]) Contin. Saneruc. II. ad A. 1256.

[3]) So im Manifeste 1236.

[4]) Contin. Admont. ad A. 1235.

[5]) Otto hatte es also nicht gewagt, in österreichischen Landen dem Kaiser zu begegnen. S. Böhmer Reg. Frid. p. 161 Nr. 796. Annal. Schäftlar. ad A. 1235 in Quellen zur bair. Gesch. I. B. p. 586.

[6]) S. Annal. Wormat. in Böhmers Fontes II. p. 778.

zürnenden Vater[1]), der ihn jetzt nicht mehr in Güte aufnahm, sondern ihn sogleich gefangen setzen ließ[2]); bald kam er in die Obhut seines alten Gegners, des bairischen Herzogs, der ihn anfänglich zu Heidelberg, später in Allerheim in Haft hielt, bis er Ende 1235 von dem Erzbischofe von Salzburg und dem Bischofe von Bamberg an den Patriarchen von Aquileja und von diesem dem Markgrafen Lanzia übergeben wurde, der ihn nach Unteritalien brachte, wo er, abwechselnd an verschiedenen Orten[3]) eingekerkert, am 12. Februar 1242 sein unglückliches Leben endete. So war der Ausgang des rebellischen Sohnes; hätte doch sein Schicksal, das ihn zu Worms ereilte, dem Herzoge Friedrich als warnendes Beispiel gedient!

Bald nach dieser traurigen Scene erhallte Worms von Freudenklängen, denn der Kaiser feierte[4]) daselbst am 15. Juli seine Vermählung mit der englischen Prinzessin Isabella. Es kam aber für ihn bald eine Zeit ernster Arbeit, denn er hatte sich entschlossen, nach der unterdrückten Empörung seines Sohnes die Zustände in Deutschland einer gründlichen Restauration zu unterwerfen, zu welchem Zwecke er auf den 15. August einen allgemeinen Reichshof[5]) nach Mainz einberief. Und dieser Ruf des Kaisers fand nicht taube Ohren; wir finden dort den größten Theil der Fürsten um ihn geschaart. Auch Herzog Friedrich hatte die Ladung zum Reichstage erhalten[6]); aber er hatte sich schon in den Krieg gestürzt und kümmerte sich weder um Kaiser noch um Reich. Dieses trotzige Fernbleiben vom kaiserlichen Hofe wurde für ihn höchst verhängnisvoll. Nicht nur, daß er dadurch den Zorn des Kaisers noch steigerte, so erregte er dadurch auch das Mißfallen der dem Kaiser treuen Fürsten; jedoch scheinen dieselben noch eine Vermittlung gesucht zu haben, denn im September finden wir den Bischof Konrad von Freising[7]) beim Herzoge in Sitzenberg. Ueber die dort gepflogenen Unterhandlungen sind wir leider in keiner Weise unterrichtet, aber so viel scheint erreicht worden zu sein, daß sich Friedrich entschloß, an den Kaiser eine Gesandtschaft zu schicken, an deren Spitze er seinen vertrauten Freund, den Bischof Heinrich von Seckau stellte[8]); wie aber

[1]) Annal. Wormat. l. c.

[2]) Hist. Novient. Monast. in Böhmers Fontes III. p. 31 (1235) Tandem (Heinr.) a quibusdam productus, dum pro gratia recipienda pedum offerret oscula, non recipitur sed sine spe reditus proscriptioni destinatur.

[3]) S. Rich. d. S. Germ. Muratori VII. B. p. 1048.

[4]) S. das aus den Quellen Zusammengestellte bei Winkelmann I. p. 473, Schirrmacher I. p. 251.

[5]) S. Böhmer Reg. Frid. p. 162 Nr. 801 u. flgb.

[6]) Im Manifest 1236 l. o.: Indicta etiam Moguntina curia generali convocavimus eum ad eandem curiam termino constituto, prout generaliter et specialiter singuli principum evocati fuerunt evocati.

[7]) S. Meiler Reg. d. Bab. p. 155 Nr. 31.

[8]) S. Huill. Bréh. IV. p. 792.

die Folge zeigte, brachte dieß keine Aenderung in Friedrichs Politik und Handlungsweise mit sich. Als nämlich der Kaiser Anfangs November¹) zu Augsburg einen Hoftag abhielt, gehorchte er einer Einladung dahin abermals nicht; wohl aber fanden sich hier seine eifrigsten Gegner ein, wie der König Wenzel von Böhmen, die Bischöfe von Bamberg, Freising und Passau u. a., und unterließen es nicht, gegen ihn zu wirken, was besonders dem Böhmenkönige um so eher gelingen mochte, als er sich hier mit dem Kaiser über einen schon einige Zeit hindurch zwischen ihnen schwebenden Streit verglich. Wenzel erhob nämlich wegen seiner Heirath mit Kunigunde, einer Tochter des Königes Filipp, des Hohenstaufen, Ansprüche auf gewiße Landestheile in Schwaben, als Morgengabe, die er nun dem Kaiser gegen eine Vergütung von 10000 Mark abtrat. Dadurch war die einzige störende Differenz zwischen ihnen gehoben und ihre Interessen berührten sich innig in ihrem Verhältniße zum österreichischen Herzoge, was sie denn auch auf längere Zeit zu Bundesgenoßen vereinte. Nochmals suchte man den Herzog auf friedlichem Wege zu gewinnen, wofür sich besonders Erzbischof Eberhard Mühe gab²). Daher berief ihn der Kaiser im Dezember an seinen Hof in Hagenau, wo er zu überwintern gedachte. Aber Friedrich war schon zu weit gegangen, als daß er auf eine Rückkehr dachte; er erschien nicht. Um diese Zeit mag es auch gewesen sein, wo von allen Seiten die Klagen an den Kaiser gelangten über des Herzogs gewaltsames und ungerechtes Vorgehen in seinen Ländern. Da erschienen die Gesandten seiner eigenen Unterthanen, um gegen ihren Herrn aufzutreten, die geschädigten und in ihren Rechten verletzten Fürsten drangen in den Kaiser, Strafe walten zu laßen, ja nach seiner Versicherung erschien sogar Teodora an seinem Hofe, um gegen ihren Sohn bittere Klage zu führen. Herzog Friedrich unterließ auch nichts, wodurch er sich als Feind des Kaisers zeigen konnte. Anselm von Justingen hatte sich bei der Unterwerfung Heinrichs in seine Burg geworfen und dem Anpralle der ihn bedrängenden Anhänger des Kaisers zu trotzen versucht, mußte aber Anfangs des Jahres 1236 sein Heil in der Flucht suchen³), auf der ihn Friedrich gastlich in seine Lande aufnahm. Welche Bewandtnis es mit einem Ende 1235 unternommenen Befreiungsversuche Heinrichs durch den Herzog hat, dürfte schwerlich vollständig zu erörtern sein, da selbst die Worte⁴) des Kaisers hierüber nicht klar genug sind; wir

---

¹) S. Böhmer Reg. Frid. p. 164. (in festo omnium sanctorum). Dieß Datum gibt Godefr. Colon. Böhmer Fontes II. p. 368.

²) Vgl. das Manifest, das für das hier Folgende Hauptquelle ist.

³) Annal. Zwifalt. M. G. X. p. 59: Justingen obsidens evertit. Vergl. Forschungen zur deutschen Gesch. I. p. 41.

⁴) Der Kaiser schreibt: Dux coepit contra personam nostram verbo et opere machinari, ita ut praeter insidias, quas in captione dudum filii nostri H. in itinere manifeste proposuit, contra honorem nostrum moliretur. Erzbischof Eberhard hatte, wie schon oben

wenigſtens möchten bezweifeln, ob in der Ausdrucksweiſe, wie ſie im Manifeſt gebraucht iſt, eben ein Befreiungsverſuch gemeint wird.

Im April begab ſich der Kaiſer von Hagenau nach Speier und von da nach Marburg[1]), wo er unter maſſenhaftem Zuſammenſtrömen des Volkes die Erhebung der Gebeine der heiligen Eliſabeth mit größter Feierlichkeit vornahm. Und nun machte er ſich eifrigſt daran, ſeine Kräfte zu ſammeln, um die aufrühreriſchen Lombarden wieder unter ſeine Herrſchaft zurückzuführen. Im Juni zog er nach Augsburg[2]), wo er die allmählig kommenden Schaaren zum italieniſchen Zuge erwartete. Hier war es auch, wo das ſich ſchon geraume Zeit ſammelnde Unwetter über dem Haupte Friedrichs ſich entlud. Noch im April ſcheint man an einer Verſöhnung gearbeitet zu haben, denn abermals tritt uns beim Kaiſer in Speier der bekannte Biſchof von Seckau[3]) entgegen, aber nur, um baldigſt wieder zu verſchwinden, da die Ereigniſſe unaufhaltſam den einmal genommenen Lauf nicht mehr verließen. Unmöglich konnte der Kaiſer ſeinen Weg nach Italien antreten, wenn er in ſeinem Rücken einen ſo mächtigen Fürſten, wie Friedrich war, zurückließ, deſſen Benehmen oft zweifelhaft, in letzter Zeit ſogar zu offener Feindſchaft geworden war. Er ſprach alſo über ihn die Reichsacht aus und übertrug die Vollſtreckung derſelben vor allem des Babenbergers bewährten Feinden, dem Könige von Böhmen und Herzoge von Baiern, ſowie allen benachbarten deutſchen Fürſten[4]).

Hiemit war der Würfel geworfen und an den öſterreichiſchen Herzog trat nun die ſchwierige Aufgabe heran, ſich gegen äußere und innere Feinde, deren Kräfte ſich zu vereinigen drohten, mit Waffengewalt zu vertheidigen, um nicht alles zu verlieren. Der Kaiſer ſetzte alle Hebel in Bewegung, um jetzt, da er das Werk einmal begonnen hatte, dasſelbe recht gründlich durchzuführen. Am 27. Juni ſchloß er zu Augsburg mit mehreren Fürſten, näm-

---

erzählt, die Aufgabe, den gefangenen Heinrich nach Aquileja zu bringen, auf welchem Wege der Herzog ſeine Befreiung verſucht haben mußte, nun aber erſcheint gerade zur nämlichen Zeit Eberhard als Fürſprecher des Herzogs beim Kaiſer, was, wenn dieſer einen derartigen Verſuch zu Gunſten des gefangenen Königs gemacht haben würde, kaum der Fall geweſen wäre.

[1]) S. Böhmer Reg. Fried. p. 166 Nr. 246, 386. Chron. Erford. in Böhmers Fontes. II. p. 397.
[2]) S. Böhmer Reg. Fried. 168. Nr. 852 und Fgb. Godefr. Colon. in Böhmers Fontes. II. p. 389.
[3]) S. Huill. Bréh. IV. B. p. 837.
[4]) S. Godfr. Colon. l. c. — Herman. Altah. in Böhmers Fontes. II. p. 503. — Contin. Sancruc. II. ad A. 1236. — Annal. Schefflär. Quellen z. bair. Geſch. I. p. 387 ad A. 1236: (Imper.) alteram (expeditionem) per ducem Bawariae movit contra ducem Austriae et per episcopum babenbergensem dimittens illis in auxilium quosdam comprovinciales episcopos et comites, qui ob odium ducis inter se contendentes etc.

lich: dem Könige Wenzel von Böhmen, Ekbert von Bamberg, Rüdiger von Passau, dem Herzoge Otto von Baiern und Otto Markgrafen von Brandenburg ein Bündnis[1]) gegen den geächteten Babenberger und bestimmte, daß keiner mit Friedrich, der gegen die Ehre und Würde des Kaisers und des Reiches so schwer sich vergangen habe, einen Frieden oder Vergleich ohne die Zustimmung der anderen schließen solle und wenn den genannten Fürsten im Kampfe gegen den Herzog irgend etwas zustoßen sollte, so verspreche er sie kräftig zu unterstützen, wie es seiner Hoheit entspreche. Aber schon vorher hatte der Kaiser an den Böhmenkönig ein Schreiben erlassen, worin er sich des weitern verbreitet über die von Friedrich begangenen Uebelthaten, und das uns als eigentliches Manifest[2]) dienen kann, das der Exekution vorhergieng. Bei der Wichtigkeit, die es für die ersten Regierungsjahre des Herzogs und besonders für sein Verhältnis zum Kaiser hat, können wir nicht umhin, es hier etwas genauer aufzuführen. Das ganze Schriftstück ist in einem leidenschaftlichen Tone abgefaßt, in dem des Kaisers Handlungsweise so viel als möglich beschöniget, die seines Gegners in's schwärzeste Licht gestellt wird, es wird darin unternommen zu zeigen, daß nur der frevelhafteste Ungehorsam gegen Kaiser und Reich, stete Ränkesucht und eine äußerst grausame Behandlung seiner Unterthanen ein gewaltsames Vorgehen gegen ihn nötig mache.

„Ungern unterziehe er sich der Notwendigkeit, den Grund offener Anklage des Herzogs zu seiner (des Böhmenkönigs) Kenntnis zu bringen, dessen Leichtsinn, geleitet von unberathenen Motiven sich so weit vergangen habe und dessen Tollkühnheit, welche, gegen die Ehre und Würde des Reiches gerichtet, durch Wort und That Anschläge geschmiedet habe, ihn so sehr herausfordere, daß er die ungerechten Ausschreitungen seines Leichtsinnes nicht länger mehr übergehen könne." Der Kaiser weist ferners darauf hin „wie sehr er seinem Vater zugethan gewesen sei und wie er wegen der Verdienste des Vaters auch gegen den Sohn die Gunst väterlicher Liebe ausgegossen und seinen Einfluß zu seinem Vortheile und seiner Ehre wirksam gezeigt habe. Er habe ihn deswegen nach Ravenna berufen wie die übrigen Fürsten und ihn in väterlicher Liebe aufzunehmen versprochen. Während aber der größere Theil der Fürsten unter vielen Beschwerden und Auslagen von weiter Ferne kam, habe er, dem es leicht gewesen wäre, zu kommen, sein Erscheinen verweigert. Als er dann nach Aquileja gegangen sei und ihn zu sehen wünschte, so habe sich Friedrich knabenhaft geweigert, sich einzufinden. Weil er aber dankbare Rücksicht habe gegen die Dienstleistungen seines Vaters, so habe er

---

[1]) S. Böhmer Reg. Fried. p. 168 Nr. 853. — Huill. Bréh. IV. B. p. 883. — Erben Reg. Boem. p. 419 Nr. 892.

[2]) Bei Huill. Bréh. IV. B. p. 852: Inviti trahimur u. f. w. — Bei Erben Reg. Boem. p. 358, No. 765. — Bei Petrus Id. Vin. B. III. Cap. V. — Bei Hautheler Fest. Campil. p. 832.

davon absehen wollen, indem er es den Regungen seines Alters zuschrieb, und so habe er sich, um nicht zurückzugehen, ohne mit ihm zusammenzutreffen, in eigener Person in sein Land begeben, nach Portenau, habe während seines Aufenthaltes daselbst nach ihm geschickt und ihm sagen lassen, daß, wenn es ihm lästig wäre, den Kaiser in den auswärtigen Reichslanden zu sehen, er jetzt nicht unterlassen möge, in sein eigenes Land zu ihm zu gehen. Er habe ihn, da er kam, mit Würde und Liebe empfangen, indem er sich ihm in Wort und That gefällig zu erweisen bestrebte.« Dann folgt weiter die Erwähnung der versprochenen 8000 Mark und der verschiedenen Versuche des Kaisers, den Herzog günstig zu stimmen. Kürzlich aber, fährt er fort, »sei er nach Deutschland gekommen und habe, da er auf den Herzog Vertrauen gesetzt, keinen Anstand genommen, sich selbst in dessen Land Steier zu begeben, um ihm einen größeren Beweis seiner Gunst zu gewähren. Bei dieser Gelegenheit aber sei Friedrich so unverschämt gewesen, von ihm 2000 Mark zu verlangen für den Krieg gegen Ungarn und Böhmen; da er sie ihm nicht gab, so habe derselbe ihm den Gehorsam gekündigt. Es habe ihn das nicht erzürnt, sondern er habe sich über den jugendlichen Leichtsinn des Herzogs ruhig hinweggesetzt, immer noch seinen Vortheil im Auge behaltend.« »Wir beriefen ihn«, heißt es weiter, »als der Reichstag nach Mainz angesagt war, auf eben diese Curie zu einem bestimmten Zeitpunkte, wie die Fürsten einzeln gerufen wurden. Als diese zur festgesetzten Zeit zusammen kamen, weigerte sich Friedrich wieder zu erscheinen, ja er fiel mit einem Heere ohne unsere Erlaubniß und Beistimmung in Ungarn feindlich und frevelhaft ein und reizte den König so, daß derselbe einen Kriegszug unternahm, das Reichsgebiet betrat und ihn nicht ohne widerrechtliches Betragen gegen uns und mit Verletzung des Reichslandes bemüthigte. Inzwischen aber, nicht zufrieden, einen ihm benachbarten König angegriffen zu haben, hat er sich auch unterstanden, dich, den König von Böhmen, den Erzbischof von Salzburg, die Bischöfe von Bamberg, Passau, Regensburg und Freißing, den Herzog von Baiern und den Markgrafen von Mähren anzugreifen, indem er ihnen Rechte und Einkünfte vorenthielt, die sie in Oesterreich und Steiermark besaßen. Zur schuldigen Rache wäre die gesammte Macht dieser Fürsten über ihn hereingebrochen, wenn sie nicht aus Liebe zum Reichsfrieden es uns und dem Reiche übertragen hätten, indem sie durch Briefe und Boten ihre schweren Anklagen vor uns brachten. Klagen liefen auch ein von seinen eigenen Unterthanen, weil er Recht und Gerechtigkeit aus seinem Lande verbannt und mit der Ungerechtigkeit im Bunde sich jeder Billigkeit entschlagen habe.« Hier beginnt nun ein eigentliches Sündenregister, in das alles aufgenommen ist, was den Haß gegen den Herzog auf das Höchste zu steigern vermag. Da wird er dargestellt als Bedrücker der Wittwen und Waisen, ein Verächter der Armen und Reichen, der überhaupt seine Unterthanen ohne rechtlichen Grund mit verschiedenen schändlichen Forderungen bedrückt und die Ministerialen des Reiches mit großer Willkür behandelt. Er wird gezeichnet als einer, der die Jungfrauen entehre und ihnen von seinen Genossen Gewalt anthun lasse, der die Frauen schände, der den Vätern die Töchter, den Männern die Gemahlinnen raube, der ihnen nach dem Leben trachte und mit verschiedenen Todesarten die Unschuldigen quäle. »Aber, fährt der Kaiser weiter, er habe eingedenk des väterlichen Verdienstes mit Milde vorgehen wollen und den gottlosen Mann von seinem bösen Wege abzubringen gestrebt. Daher habe er ihn ermahnt und wohlwollend gebeten, daß er zu der im vergangenen Winter zu Augsburg gehaltenen Curie kommen möchte, wo über die Wiederherstellung seines Verhältnisses zu den genannten Fürsten und Tilgung seiner Schuld verhandelt werden sollte. Er habe ihm durch seine (des Herzogs) Boten freies Geleite verheißen und ihm versprochen, daß er ihn auf keine Weise zu einer Genugthuung für das Begangene zwingen würde, auch wenn er aus seinem eigenen die Beleidigungen der Fürsten vergüten müßte. Da der Herzog aber nicht kommen wollte, so habe er ihm, besonders auf Bitten des Erzbischofes von Salzburg, angezeigt, daß er sich nach Hagenau begeben möchte, wo er mit ihm zu verhandeln wünschte. Friedrich aber habe, da er die Unthaten seines beschwerten Gewissens nicht zu verdecken vermochte, immer nur getäuscht, obwohl er öfters zu kommen versprochen habe, und seine kaiserliche Macht übermüthig verachtend, habe er gegen seine (kaiserliche) Person Böses auszusinnen begonnen, so daß er nebst den Feindseligkeiten, die er während der Gefangennehmung und Deportation seines Sohnes Heinrich offen an den Tag legte, mit den Mailändern und anderen kaiserlichen Feinden gegen seine und des Reiches Ehre gewirkt habe.« Weiter heißt es: »Verbrecherischer Weise uns nach dem Leben strebend, hat er zum Alten der Berge, Assassine genannt, Gesandte geschickt und hohes Geld versprochen, damit er unsere Hoheit tödte. Von einer andern Regung seiner Albernheit verleitet, hat er sich (was uns sehr unangenehm ist) nicht gescheut, den Papst, unsern heiligen Vater, zu versuchen, damit er ihm günstig wäre. Außerdem hat er unsere Gesandten in seinen Gewahrsam nehmen und berauben lassen. Gleichfalls ließ er die Geschenke, die der Fürst von Rußland durch seine Gesandten schickte, zu unserer Schmach und Beleidigung wegnehmen. Die Burg, die ein Regensburgischer Vogt uns und dem Reiche vor seinem Tod vermachte, hat er ohne Scheu besetzt und nichts unterlassen, was uns und dem Reiche zum Schaden gereichte.« Dann folgt, in grellen Farben aufgetragen, die Anklage, daß Friedrich, »der weder Gott fürchtet, noch einen irdischen Herrn anerkennen will«, wider das Gesetz der Natur seine edle Mutter schändlich behandelt habe, die, eine Frau von solchem Adel, wenn sie nicht beim böhmischen König eine Zufluchtstätte gefunden, keinen Ort gehabt hätte, wohin sie ihr Haupt legen könnte; »mit Thränen zu Gott und Klage und Jammer zu uns hat sie nicht nachgelassen, unsere Gerechtigkeit gegen einen so ausgearteten Sohn anzurufen.«

»Wir können auch nicht mit Stillschweigen übergehen, wie er den Markgrafen von Meißen, dem er seine Schwester vermählte, nach der Hochzeit, da er mit derselben das Beilager hielt, im Bette überfiel und nicht aufzustehen erlaubte, bevor er nicht die Morgengabe zurückstellte und dieselbe nie mehr zurückzuverlangen versprach.« Nachdem der Kaiser nochmals alle Anklagen in allgemeinen Ausdrücken zusammengefaßt hat, schließt er: »Wir glaubten also, einschreiten zu müßen und dem Thoren nach seiner Thorheit zu vergelten, damit er sich nicht weise dünke, sondern durch sich selbst lerne, wie man Gott fürchten und uns und dem Reiche gegenüber auf jede Weise Ehrfurcht bezeugen müße.« — Wie man sieht, zog der Kaiser alle Verhältnisse des Herzogs herbei, um sie zu einem umfangreichen Bündel der gehässigsten Anklagen zu vereinigen. Keine Person, kein Stand, kein Recht ist Friedrich zu heilig, daß er es nicht gröblich verletzte, Unthaten und Frevel aller Art werden ihm vorgeworfen; er wird, kurz gesagt, als vollendeter Bösewicht hingestellt. Manche Geschichtschreiber[1] haben diese Aussagen im kaiserlichen Manifeste ohne Bedenken acceptirt, allein, wie schon früher bemerkt, ist der Ton des ganzen Schriftstückes der der Leidenschaftlichkeit und mahnt uns daher, die dem Herzoge zur Last gelegten Uebelthaten nur behutsam aufzunehmen. Einige derselben erweisen sich ja beim ersten Anblicke als bloße Ausbrüche des Zornes und der Erregtheit, z. B. die Bestechung des Assassinen, dem Kaiser an das Leben zu geben[2]. Andere Facta finden wir allerdings in den gleichzeitigen Aufzeichnungen bestätigt und sie werden uns daher als historisch wahr gelten müßen, bei Vergleichung derselben aber in diesen und im Manifeste ergibt sich sogleich, daß im letzteren die Vergehen des Herzogs viel gehässiger dargestellt sind[3].

Was die Behandlung des Markgrafen von Meißen betrifft, so möchten wir, da uns darüber jede anderweitige Bestätigung fehlt, dieselbe in Zweifel ziehen, da es doch unwahrscheinlich ist, daß Friedrich in einer so zahlreichen und angesehenen Versammlung von Fürsten und Königen, wie sie bei der Hochzeit zu Stablau war, zu einer solchen, alle empörenden Handlung sich

[1] Vergl. Winkelmann ꝛc. II. p. 47. — Vergl. Schirrmacher ꝛc. III. p. 5.
[2] Aehnliche Dinge finden sich auch in den Schriften aus der Zeit der leidenschaftlichen Kämpfe zwischen Papst und Kaiser.
[3] Vergl. mit dem Manifeste die Contin. Sancruc. II. ad A. 1235 und 1236. Was diese beiden von Friedrichs Betragen gegen seine Mutter berichten, erzählt auffallender Weise ein altes Gedicht von seinem Bruder, Heinrich dem Grausamen, bei Rauch Scriptr. I. p. 377:

an untugend was im niht gelich

dem alliu unzuht was bekant
er gie dem vater uf den lip
und sein muter gar ein rains wip
stiez er zu heimburch ab.

erniedriget hätte.[1]) Andere dem Herzoge zur Last gelegte Unthaten, wie die Beraubung ruſſiſcher Geſandten, die Beſetzung einer von einem Regensburger Vogte dem Reiche vermachten Burg, ſind bei ſeiner ſeit dem Jahre 1235 ſo offen zur Schau getragenen Habſucht immerhin glaublich. Ueber ſein Verhältmis[2]) bei Heinrichs Abführung nach Unteritalien haben wir ſchon oben geſprochen.

Daß durch ein ſolches Manifeſt die Gemüther Aller, wenn ſie ſeinem Inhalte glaubten, gegen Friedrich eingenommen wurden, iſt begreiflich und es dauerte auch wirklich nicht lange, als von allen Seiten ihm die Feinde an den Leib rückten. In Augsburg waren die meiſten[3]) dem Herzoge feindlich geſinnten Reichsfürſten um den Kaiſer verſammelt und da war auch der Operationsplan entworfen. Der König von Böhmen ſollte in die Landestheile am linken Donau-Uſer einfallen, der Herzog von Baiern in Verbindung mit den Biſchöfen von Freiſing und Paſſau am rechten vorrücken; dem Biſchofe Ekbert von Bamberg fiel die Aufgabe zu, mit ſeinem Bruder, dem Patriarchen von Aquileja, die Steiermark zu beſetzen; im Ganzen[4]) hatte der Kaiſer vier Heere zur Beſetzung Oeſterreichs abgeordnet. Anfänglich hatte er im Sinne gehabt, ſchon am 24. Juni mit ſeinen Truppen nach Italien aufzubrechen, aber die öſterreichiſche Angelegenheit verzögerte um einen Monat ſeinen Abmarſch, denn erſt am 24. Juli ſetzte er ſich mit 1000 Rittern in Bewegung gegen Süden.

Bevor wir die Kriegsereigniſſe in Oeſterreich, die nicht lange mehr auf ſich warten ließen, betrachten, wollen wir die gegen den Herzog Verbündeten in's Auge faſſen. Voran ſtand der Kaiſer, der die Initiative zu dieſem ſcheinbar überwältigenden Sturme gegen den unbotmäßigen Reichsfürſten ergriffen hatte. War er auch durch die Zuſtände in Italien verhindert, perſönlich an einem Feldzuge gegen Oeſterreich Theil zu nehmen, ſo hatte er doch umfaſſende Maßregeln getroffen, da er einem ſo bedeutenden Theile der Reichsfürſten die Vollziehung der Acht übergeben hatte. Der jedenfalls am meiſten nach dem Kaiſer Intereſſirte unter den Verbündeten war der König von Böhmen, der ſchon ſeit dem Beginne der Regierung Friedrichs gegen ihn feindlich aufgetreten war. War auch zeitweilig eine Waffenruhe zwiſchen beiden Für-

---

[1]) Während ſich die Gegner Friedrichs in Augsburg um den Kaiſer ſammeln, blieb der Markgraf, der doch nach dem Manifeſte vielleicht die erſchwerendſte Klage vorzubringen gehabt hätte, fern.

[2]) Mit dem Manifeſte übereinſtimmend berichten die Annal. Schoftl. p. 386 ad A. 1235: Eodem tempore rex Heinricus a patre in exilium in Apuliam mittitur, propter quod dux Austriae se opposuit imperatori, nolens venire ad curiam, quam indixerat eo anno etc. Auch dieſe Stelle iſt unklar.

[3]) Vergl. die Zeugen in der Kaiſerurkunde für Berchtesgaden bei Böhmer Reg. Frid. p. 168 Nr. 854.

[4]) Vergl. des Kaiſers Brief an Gerhardt von Arnſtein bei Huill. Bréh. IV. B. p. 889.

ften geschaffen, so war deswegen doch nie ein eigentlich freundschaftliches Verhältnis unter ihnen bestanden. Es war eben nicht, wie bei den meisten andern
Gegnern Friedrichs nur ein persönlicher Haß, der den König Wenzel auch
dießmal auf die Seite seiner Feinde drängte, sondern ihm war besonders ein
anderes Moment maßgebend. Unter ihm begann sich nämlich bereits das
System territorialer Entwicklung auszubilden[1]), das in den letzten Jahren der
Regierung Friedrichs noch deutlicher sich bekundete, am klarsten allerdings erst
unter König Ottokar II., Wenzels Sohne, hervortrat. Wie sich bald darthat,
hatte es der König nicht so sehr auf eine Demüthigung des Herzogs, sondern
vielmehr auf die Erwerbung eines bedeutenden Theiles seines Herzogthums
abgesehen. Der Kaiser hätte natürlich eine solche Politik nie gebilliget oder
anerkannt, allein bei ihrem ersten Auftreten und bei seinem leidenschaftlichen
Vorgehen gegen den Babenberger übersah er dieselbe ganz und würde vielleicht
daraus, daß er den böhmischen König zur Achtsvollstreckung heranzog, bittere
Früchte geärntet haben, wenn die gänzliche Unterwerfung und Verdrängung
Friedrichs gelungen wäre. Aus diesen Andeutungen mag erklärlich scheinen,
weshalb gerade Wenzel sich anfänglich als ein so eifriger Vollzieher der Reichsacht bethätigte, aber nach der Eroberung des Landes beim Bekanntwerden
der Tendenzen des Kaisers in seinem Eifer plötzlich erkaltete. Ein dritter Verbündeter gegen den österreichischen Herzog war Herzog Otto von Baiern, der
schon Anfangs 1233 mit ihm in Händel verwickelt, durch sein Verhältnis zu
König Heinrich und bald darauf zu dessen Vater nur noch mehr mit ihm
verfeindet wurde. Zu diesem gesellten sich noch mehrere hinzu, die Friedrich
erst jüngst zu Gegnern erwachsen waren, nämlich die meranischen Fürsten und
jene Bischöfe, die in seinen Ländern ausgedehnte Besitzungen inne hatten.

Die Motive derselben zu ihrer Feindschaft gegen Friedrich kennen wir:
es war theils der ungerechte Steuerdruck, den er auch auf ihre Besitzungen
ausdehnte, theils ihr freundschaftliches Verhältnis zum Kaiser. Allen diesen
gegen ihn vereinten Bundesgenossen schlossen sich als sehr gefährliche Gegner
seine eigenen empörten Unterthanen an.

Im Allgemeinen befand sich Friedrich bei einer solchen Coalition in böser
Lage. Nicht lange dauerte es und die feindlichen Schaaren hatten schon sein
Land betreten. Otto fiel von Baiern her mit dem Bischofe von Passau in
Oberösterreich ein und drang bis Linz vor, mußte aber, da es seiner und des
Bischofs vereinter Anstrengung nicht gelang, die von herzoglichen Truppen
tapfer vertheidigte Stadt zu nehmen, sich wieder zurückziehen, wozu auch bei-
trug, daß sie selbst unter einander nicht einig waren[2]). Unterdessen war der

---

[1]) Vergl. Lorenz, deutsche Gesch., p. 57
[2]) Annal. Scheftl. l. c.: qui ob odium ducis (scil. Ottonis) inter se contendentes sine effectu
ad propria redierunt. — S. auch Annal. S. Rudp. Salisb. ad A. 1216.

Bischof Ekbert im Vereine mit dem Patriarchen von Aquileja vom Süden her in die aufständische Steiermark vorgedrungen und hatte das Land mit Ausnahme mehrerer fester Punkte erobert. Auch in Oesterreich waren es nur wenige Orte, die sich des Anpralles der Feinde erwehrten, oder mit den Rebellen nicht gemeine Sache machten, wir kennen nur Linz, Starkenberg und Neustadt, welch letzteres übrigens damals noch zu Steier gehörte. Der größte Theil des Adels des Landes[1]), wie die Grafen von Hardeck, die Grafen von Plaien, die Herren von Schaumburg, Veldsberg, Himberg, die steirischen Grafen von Ortenburg, die Herren von Pfannberg, Hennberg, Wildon, Mured u. a. standen gegen Friedrich. Unter den Städten gieng, wie schon bemerkt, Wien mit dem Beispiele voran, das bereitwillig des Herzoges Feinde in seine Mauern einließ. Von Norden her war König Wenzel hereingebrochen und hatte in genannter Stadt offene Aufnahme gefunden, die er dem Burggrafen von Nürnberg zur Hut übergab, da er, wie es scheint, bald wieder nach Böhmen[2]) zurückkehrte. Der Burggraf setzte es sich zur Aufgabe, die wahrscheinlich schon von Wenzel angestrebte Vereinigung mit dem von Süden nahenden Heere unter der Führung Ekberts zu bewerkstelligen, dem sich auch steiermärkische Schaaren angeschlossen hatten. Herzog Friedrich vermochte sich so vieler Feinde zugleich nicht zu erwehren und hatte sich daher nach der Eroberung Wiens nach Mödling und von da nach Neustadt zurückgezogen. Seine Hauptstütze war Graf Albert von Bogen[3]), ein naher Verwandter Herzog Otto's[4]).

Im übrigen finden wir in seiner Begleitung den Anselm von Justingen, den ihm stets getreuen Abt Walter von Melk[5]), und einige Ministerialen unbedeutendern Ranges wie Gundaker von Starkenberg, Perchtold von Treuen u. a., welche von Friedrich für ihre ihm bewiesene Treue mit Ehren und Gütern bedacht wurden, so erhielt Gundaker die Einkünfte in der Riedmark, Perchtold wurde zum Marschalk ernannt. Trotzdem war seine Macht immer-

---

[1]) Diese alle erscheinen 1237 am kaiserlichen Hofe zu Wien, s. Böhmer Reg. Fried. p. 173 Nr. 890.

[2]) Am 16. Februar 1237 ist Wenzel in Znaim und kam erst von dort wieder nach Wien zum Kaiser, s. Erben Reg. Boem. p. 422 Nr 902.

[3]) Die Angabe des Herman. Alhab. l. c., dem manche wie Rauch II. p. 462 folgten, daß Graf Albert erst nach dem Abzuge des Kaisers sich mit dem Herzoge verbunden habe, ist falsch, denn er erscheint schon am 11. November 1236 bei ihm in Neustadt, s. Meiler Reg. d. Bab. p. 156 Nr. 38, 39, 40.

[4]) Ludwig, der Kehlheimer, der Vater Otto's hatte 1204 die Witwe des Grafen Albert III. von Bogen geheirathet, des Vaters von diesem Albert IV.

[5]) Vgl. Kaiblinger Gesch. von Melk p. 331. — Es gibt eine Urkunde Friedrich's vom 1. Juli 1236 ausgestellt zu Globiz »in Hungaria« (s. Arch. d. öst. Gesch. 55. B. p. 245, Denkschr. d. Accad. 8. B.) Sollte diese etwa nicht das Jahr 1235 tragen, wo Friedrich gegen Ungarn Krieg führte? Daß er im Juli 1236 nach Ungarn hätte kommen sollen, ist höchst unwahrscheinlich.

hin eine sehr kleine im Vergleiche zu den vereinten Kräften seiner Gegner. Bei der ersten Expedition Otto's mit Rüdiger gegen Linz scheint sich Conrad von Freisingen nicht betheiligt zu haben, aber bald darauf begaben sich beide Bischöfe nach Wien und schloßen sich dem Conrad von Nürnberg an. Dieser zog mit seinen Leuten weiter südlich, um dem meranischen Heere näher zu kommen und stand nicht ferne von Neustadt, dem Aufenthaltsorte des Herzogs, welcher nun seinerseits beschloß, einen kühnen Handstreich zu unternehmen, um sich wenigstens die nächste Umgebung frei zu machen. Sein Wagniß war auch vom besten Erfolge gekrönt, das feindliche Heer, obgleich zehnmal stärker, wurde geschlagen und viele zu Gefangenen gemacht, darunter die beiden Bischöfe von Freising und Passau, sowie mehrere seiner abgefallenen Großen. Ueber die Zeit dieser Schlacht sind wir nicht genau unterrichtet; doch war sie jedenfalls nicht vor Ende Oktober, da sie zu einer Zeit stattfand, da sich Friedrich bereits in Neustadt eingeschloßen hatte, am 18. Oktober war er noch zu Mödling; sie war aber auch sicher vor dem Ende des Jahres 1236[1].

Dieser Sieg verschaffte dem Herzoge den Vortheil, sich wieder in einer ordentlichen defensiven Stellung zu erhalten. Bei seiner Raschheit und Kühnheit zweifeln wir nicht, daß er denselben schnell verfolgt hätte, wenn ihm nur genügende Kräfte zu Gebote gestanden wären; allein seine geringe Macht gestattete ihm dieß nicht, so daß sich der ganze Erfolg nur auf eine Freimachung der nächsten Umgebung von Neustadt, dem Aufenthaltsorte und Sammelpunkte seiner wenigen Getreuen, beschränkte.

Der Kaiser hatte sich, wie wir gesehen haben, mit 1000 Rittern[2] am 24. Juli auf den Weg nach Italien begeben und langte dort in Verona am 16. August an, wo er von Ezzelin empfangen wurde. Nach einem 14tägigen Aufenthalte in Valsalda gieng es ins Mantuanische, wo verschiedene Ort-

---

[1] Die Gefangenschaft der Bischöfe in ein anderes Jahr als 1236 zu verlegen, geht aus mehreren Gründen nicht. Die Contin. Sancruc. und Annal. S. Rudp. Sal. geben die Zeitbestimmung 1236, während nur Herman. Altah. 1238 setzt. Dabei ist aber zu bedenken, daß letzterer gerade in dieser Periode höchst verwirrt ist und daß die Contin. Sancruc. als den Ereignissen näher stehend mehr Glaubenwürdigkeit in Anspruch nimmt. Ein anderer Umstand, der die Jahresangabe dieser zu bestätigen scheint, ist der: Während sich die übrigen Reichsfürsten mit Ausnahme Wenzels und der beiden Bischöfe schon im Jänner in Wien am kaiserlichen Hofe zusammenfinden, treten die letztern erst im Februar daselbst zu gleicher Zeit auf, was doch nicht bloßer Zufall ist. Endlich spricht noch dafür, daß beide vom Jahre 1237 an in keiner gegen den Herzog gerichteten Aktion Theil nahmen, was uns die Vermuthung nahe legt, daß dieß eine der Hauptbedingungen ihrer Freilassung war, die im Jänner oder Anfangs Februar 1237 erfolgte. Schirmacher 2c. III. B. p. 309 verwechselt diese Schlacht mit der auf dem Steinfelde bei Tuln im Jahre 1237, daher ist auch das von ihm gegen die Contin. Sancruc. Vorgebrachte unrichtig.

[2] S. Parisius de Cereta, Muratori VIII. p. 629 (da ist eine größere Heeresstärke angegeben.)

schaften zwar verwüstet, Mantua selbst aber vergeblich belagert wurde. Ende September sah er sich bewogen, die Belagerung aufzuheben und wandte sich Cremona zu, um dem in der Veste Rivalta bedrängten Ezzelin Hilfe zu schaffen[1]), welchen Zweck er vollkommen erreichte. Aber nicht nur daß die erschreckten Lombarden und ihre Verbündeten von der Belagerung abließen, gelang ihm auch der geschickte Handstreich der Eroberung Vincenza's[2]). Von da weg betrat er am 15. November das Gebiet von Padua, wo er Cartura der Zerstörung preisgab und sich dann gegen Nordosten, Treviso zu, wandte. Wahrscheinlich schon gegen Ende November nahm er seinen Weg durch Aquileja[3]) in die südostdeutschen Reichslande. Ueber die Gründe dieser unerwarteten Umkehr findet man die verschiedensten Ansichten. Während einige[4]) glauben, es seien ausschließlich die Zustände Italiens gewesen, die ihn bewogen nach Oesterreich zu gehen, um durch dessen Besitznahme sich neue Kräfte zu holen, sind andere[5]) der Ansicht, daß der mißliche Stand der kaiserlichen Sache im genannten Herzogthume ihn bestimmte, durch persönliches Eingreifen und Erscheinen der Unternehmung gegen dasselbe ein günstiges Resultat zu erzielen. Dieser Meinung schließen auch wir uns an. Unzweifelhaft hatte der Kaiser aus Oesterreich genaue Kunde über die dortige Sachlage erhalten; daß aber nach dem Siege des Herzogs von Neustadt, ja schon zuvor, die Achtsvollvollstreckung nur lau betrieben wurde, ist ziemlich sicher. Der König von Böhmen hatte sich, wie schon bemerkt, gleich nach der Eroberung Wiens in sein Land zurückgezogen, sich damit begnügend, das Land nördlich der Donau besetzt zu halten, wohl in der Absicht, dasselbe überhaupt nicht mehr wieder herauszugeben; was aber die anderen Verbündeten ausrichteten, das sagt uns der Annalist von Heiligenkreuz, der sonst um diese Zeit für die Sache des Herzogs nicht besonders eingenommen ist[6]): »sie vollbrachten nichts, als daß sie das Land mit Raub und Flammen verwüsteten.« Was war aber damit für den Kaiser gewonnen? Unstreitig schwebte ihm, wie es sich in der Folge zeigte, nach Aussprechung der Reichsacht der Gedanke vor, die beiden schönen Länder nach Vertreibung des Herzogs für das Reich d. h. mittelbar wenigstens für sein Haus einzuziehen. Wie aber, wenn seine zur Erwerbung der Herzogthümer Abgesandten durch grobe Verletzung des Besitzstandes der Einwohner die Sympathien derselben für ihn verdarben und sich nebenbei nicht einmal dem geächteten Herzoge gewachsen zeigten! Sporn genug für ihn, während seines Aufenthaltes in Italien aufmerksam nach Oesterreich zu blicken. Wir

[1]) S. Godofr. Colon. in Böhmers Fontes II. p. 369 und Rolandin, Muratori VIII. p. 207.
[2]) S. Godofr. Colon. l. c. p. 370 und Annal. S. Rudp. Salisb. ad A. 1236.
[3]) S. Rolandin. l. c. p. 208.
[4]) Vgl. Schirrmacher ꝛc. II. p. 549 und Böhmer Reg. Frid. p. 170.
[5]) Vgl. Winkelmann ꝛc II. p. 50 u. a.
[6]) Contin. Sancruc. II. ad. A. 1236.

möchten nicht behaupten, daß nach der Eroberung Vincenza's der italienische Feldzug für ihn als verfehlt oder verunglückt anzusehen ist, in Folge dessen er sich nach Deutschland gewendet hätte, im Gegentheile hat es den Anschein, daß der Kaiser mit ziemlicher Befriedigung diesen seinen Zug abschließen konnte, um so mehr, als ihm augenblicklich ein viel lohnenswertheres Feld seiner Thätigkeit, in Oesterreich, winkte. Seine Dinge standen wenigstens in Italien so, daß er mit einer bedeutenden Truppenzahl[1]) dasselbe verlassen konnte.

Allerdings mochte er bei seiner Rückkehr nach Oesterreich hoffen, mit großer Verstärkung nach Italien bald ziehen zu können und diesem dann seine ungetheilte Macht mit noch größerem Erfolge zuzuwenden, denn seine Versicherung[2]) an Gebhard von Arnstein »das Reich sei mächtig genug, um zwei Heere zu gleicher Zeit aufzustellen und damit zwei Feinde erfolgreich zu bekämpfen«, hatte sich als unrichtig erwiesen.

Am 7. Dez. war er bereits in Graz eingetroffen, denn unter diesem Datum erläßt er daselbst für das Kloster St. Lambrecht einen Schutzbrief[3]) für alle seine Besitzungen und Rechte und nimmt es in seinen Schutz. Sein Aufenthalt in diesem Herzogthume dauerte nahezu einen Monat, denn Bischof Ekbert war bei seinem Einfalle in dasselbe nicht so glücklich gewesen, manche feste Burgen, die ihm trotzten, zu brechen, obwohl gerade hier der Herzog seine thätigsten Feinde hatte. Gegen die noch Unbesiegten rückte nun der Kaiser[4]) selbst und brachte im Laufe des Dezembers ihre Unterwerfung zu Stande. Dabei soll ihm auch Friedrichs Gemahlin in die Hände gefallen sein. Das Weihnachtsfest[5]) feierte er zu Graz, wo er bald darauf, am 3. Jänner[6]) eine Urkunde erließ, in der er allen Mauthnern und Zöllnern befahl, die Güter und Sachen des Propstes von Seckau zollfrei zu lassen, wie dieß zur Zeit Leopolds des VII. gewesen sei. Herzog Friedrich hatte nämlich, wie wir gesehen, zur Zeit seiner Bedrängnis auch auf die Rechte und Freiheiten von Kirchen und Stiftern nicht mehr geachtet und Geldsummen von ihnen erhoben. Es entsprach nun vollkommen der klugen Politik des Kaisers, daß er die von seinem Gegner getroffenen und meist so verhaßten Maßregeln durch Erlässe entgegengesetzten Inhaltes aufhob und sich auf solche Art als Befreier

---

[1]) Contin. Garsten. ad A. 1237: Fridericus Romanorum Imperator per Cannales et per Carinthiam armata manu Austriam ingressus. Godefr. Colon. in Böhmers Fontes. II. p. 370: Rebus itaque suis ibidem in Longobardia dispositis et parte exercitus sui relicta, imperator ad Austriam declinat.

[2]) S. den Brief vom 11. Juli 1236 bei Huill. Bréh. IV. B. p. 889.

[3]) Nach Muchar Gesch. v. Steier. V. B. p. 150, Saalbuch von St. Lambrecht.

[4]) S. Annal. Argent. in Böhmers Fontes III. p 110 und Contin. Sancruc. II. ad A. 1236.

[5]) Annal. S. Rudp. Salisb. ad A. 1237.

[6]) S. Böhmer Reg. Frid. p. 170 Nr. 864.

vom tyrannischen Joche zeigte, wodurch er die Herzen der österreichischen und steiermärkischen Unterthanen gewann. Bald darauf brach er nach Wien auf, wo er noch im Verlaufe des Jänners[1] 1237 eintraf. Alsogleich sammelte sich dort um ihn der größte Theil der Reichsfürsten: der Patriarch von Aquileja, die Erzbischöfe von Mainz, Salzburg und Trier, die Bischöfe von Regensburg und Bamberg, die Herzoge von Baiern und Kärnthen, der Landgraf von Thüringen und der Deutschmeister, Hermann von Salza; aber auch der österreichische und steirische Adel fand sich zahlreich an seinem Hofe ein, denn gerade er war es besonders gewesen, der nach kaiserlicher Hilfe gerufen hatte; schon früher haben wir seine hervorragendsten Vertreter kennen gelernt. Wenn uns der Mönch von Heiligkreuz[2] berichtet, daß der Kaiser mit seinen Fürsten in Wien drei Monate lang saß, sich's bei Speise und Trank wohl ergehen ließ und sonst nichts Gedeihliches vollbrachte, so war das bei weitem nicht der Fall. Allerdings ruhte jetzt das Schlachtengetümmel, allein während jener drei Monate des kaiserlichen Aufenthaltes in Wien wickelte sich dort ein wichtiges Stück Reichsgeschichte ab: dieser Hof war einer der bedeutungsvollsten, die er jemals in Deutschland hielt; was das österreichische Unternehmen anlangt, da freilich standen die Dinge für ihn bald schlimmer, als sie bei seiner Ankunft waren. Die zwei für Kaiser und Reich gleich wichtigen Fakta waren: die Einziehung der Herzogthümer Oesterreich und Steiermark und die Wahl seines Sohnes Konrad zum deutschen Könige. Hatte der Kaiser vielleicht zuerst noch nicht die ausgesprochene Absicht zu einer vollständigen Entsetzung und Verdrängung des babenbergischen Herzogs, so mußte ihm darüber bald aller Zweifel schwinden bei seinem Glücke, das in kurzer Zeit ganz Steiermark gewinnen ließ und bei der Erfahrung, die er oft genug machen konnte, daß nämlich Hoch und Nieder, Adel sowohl wie Klerus und Volk des Regimentes Friedrichs überdrüssig waren und den deutlich ausgesprochenen Wunsch hegten, unter des Reiches unmittelbare Leitung zu kommen. Für alle Bewohner der österreichischen Lande eröffnete sich am kaiserlichen Hofe eine reiche Quelle von Privilegien und Gnadenerweisungen[3] Die Aebte und Klöster von Seitenstetten, Gottweih, St. Florian, Lambach und die Aebtissin von Erla mit ihrem Convente wurden in des Kaisers besonderen Schutz genommen und ihnen ihre alten Rechte und Gewohnheiten bestätiget. Abt und Convent von Heiligenkreuz, sowie das Kloster Adlersbach erhielten außerdem Mauthfreiheit, erstere auch Befreiung von jeder Vogtei gemäß der Gewohnheit des Cisterzienserordens. Es wurden so manche Urkunden Leopolds des VII.

---

[1] Außer mehreren im Jänner ausgestellten nicht näher datirten Urkunden, besitzen wir eine vom 24. Jänner 1237, s. Böhmer Reg. Frid. p. 170 Nr. 865 u. flgb.

[2] Contin Sacruc. II. ad A. 1237.

[3] S. Böhmer Reg. Frid. p. 170—172 und Huill. Bréh. V. B. p. 2—32.

4

bestätiget, wie für Niederaltaich, Waldhausen, das Schottenkloster in Wien, Reitenhaslach, Reichersberg, für Metten und Seitenstetten. Das Kloster Wilhering[1]) nahm er in seinen und des Reiches Schutz und gab ihm zum Schirmvogte den Albero von Polheim, welchen er auch zum Landesverweser in Steiermark ernannte. Ebenso erfreuten sich die Brüder und Angehörigen des deutschen Ordens[2]) in Oesterreich, Steiermark und Krain eines kaiserlichen Gnadenbriefes. Außer diesen Urkunden für einzelne Klöster und Corporationen besitzen wir noch bedeutend wichtigere. Im April erfüllte der Kaiser den sehnlichen Wunsch der Bürger Wiens, indem er ihre Stadt zur Reichsstadt erhob und ihr ein diesbezügliches großes Privilegium ertheilte. Er nimmt Wien und dessen Bürger in seine und des Reiches unmittelbare Oberhoheit, weil sie so bereitwillig sich dem Joche der Unterdrückung und Ungerechtigkeit entzogen haben, womit Friedrich, der frühere Herzog, abweichend vom Gerechtigkeitssinne seiner Vorfahren und vergessend der Ergebenheit und Treue genannter Bürger, ohne dem Kaiser die gebührende Ehrfurcht zu erweisen, gegen Recht und Gerechtigkeit gegen sie wüthete, indem er gegen alle ohne Unterschied Willkür für Recht walten ließ und glaubte, es sei ihm alles nach seinem Belieben gestattet, die Armen unterdrückend, die Reichen beunruhigend, Wittwen und Waisen das Ihrige vorenthaltend, dürstend nach dem Vermögen aller und verschiedene Todesarten gegen die Personen edler und sehr achtbarer Männer aussinnend. Unveräußerlich sollte Wien in seinen und seiner Nachfolger Händen bleiben. Außerdem erhielt es noch folgende Rechte und Begünstigungen:

1. Es soll ein Richter durch den Kaiser und dessen Nachfolger und wenn nötig mit Rath der Bürger eingesetzt werden, aber so, daß derselbe niemals berechtigt wäre, eine andere Abgabe von ihnen zu fordern, als sie mit freiem Willen geben würden.

2. Soll keiner die Bürger zu einem Dienste nötigen, von dem sie nicht am gleichen Tage, so lange noch die Sonne schiene, heimkehren könnten.

3. Sollen, wie es sich für christliche Fürsten zieme, die Juden von den öffentlichen Aemtern ausgeschlossen sein, da die Herrschergewalt seit alten Zeiten denselben zur Rache für ihre Verbrechen (Tödtung Christi) ewige Knechtschaft angekündiget habe.

4. Jede Civil- oder Criminalklage gegen einen Bürger mit einziger Ausnahme des Hochverrathes soll nach den Rechten und bestätigten Gewohnheiten der Stadt von den Bürgern beurtheilt werden.

5. Jeder Bürger, der um Zweikampf (d. h. gerichtlichen) angegangen wird, soll mit siebenfacher Hand achtbarer Personen sich reinigen können.

---

[1]) Vgl. Stülz Gesch. v. Wilh. p. 506, 507. Huill. Bréh. V. B p. 25: Alberoni de Polheim judici provinciali.

[2]) S. Böhmer Reg. Frid p. 173 Nr. 890 und Huill. Bréh. V. B. p. 55—59.

6. Soll der Meister[1], der von ihm und seinen Nachfolgern daselbst den Schulen vorgesetzt wird, nach dem Rathe sachverständiger Bürger noch andere Gelehrte annehmen, die dem Studium ihrer Zuhörer gewachsen sind.

7. Sollen alle, welche dort ein Jahr lang unangefochten gesessen haben, jeder Dienstbarkeit ledig, freie Bürger nach dem Herkommen der Stadt sein.

8. Soll jeder Bürger, der Schiffbruch leidet, seine aus dem Wasser ge-retteten Güter von jedem frei zurückfordern können[2].

Daß Wien als freie Reichsstadt in Folge dieses Privilegiums vom Herzogthume getrennt werden sollte, ist keineswegs anzunehmen[3]. Der Passus in der Urkunde, der zu einer solchen Annahme leiten könnte, heißt: (Considerantes...) quod (cives) nunquam per concessionem alicujus beneficii de nostra et imperii transeant potestate. Nun ist aber dieser Satz für ganz Oesterreich, wenn auch nicht ausgesprochen, so doch faktisch angewendet wor-den, indem das Land ebensogut wie die Stadt Wien als Reichseigenthum angesehen und behandelt worden ist; das beweist auch, daß die Statthalter, welche vom Kaiser in der nächsten Zeit ernannt wurden, nicht als über Wien, oder über das Land allein, sondern als über beide gesetzt erscheinen. Uebrigens hatte der Kaiser, wie man sieht, diese Gelegenheit wieder benützt, um gegen den Herzog Anklagen aller möglichen Art vorzubringen und dieser betreffende Theil des Privilegs gleicht so ziemlich dem bekannten Manifeste vom vor-hergehenden Jahre.

Bevor die Wiener dieses große Privileg erhielten, vollzogen die um den Kaiser versammelten Fürsten die Wahl[4] seines Sohnes Konrad zum deutschen Könige. Zu diesem feierlichen und wichtigen Akte hatten sich den früher Erschienenen noch der König von Böhmen und die Bischöfe von Frei-sing und Passau zugesellt, die von Friedrich ihrer Haft entlassen worden waren. Daß diese Freilassung von ihm etwa aus Rücksicht gegen den Kaiser wegen der bevorstehenden Wahl gewährt wurde, ist keinesfalls anzunehmen und wir können beim Mangel aller Nachrichten hierüber nur schließen, daß die Bischöfe selbst ihm dafür die vortheilhaftesten Anerbietungen gemacht ha-ben. Was die Zeit der Königswahl anbelangt, so läßt sich dieselbe auf den Tag nicht bestimmen, wenn man jedoch das Itinerar[5] des dabei anwesenden

---

[1] Nach Angabe aller Stiftshandschriften war diese Lehranstalt (von Herzog Friedrich ge-gründet) mit Gliedern des Stiftes heil. Kreuz besetzt. So die kirchl. Topographie v. Oesterr. i. B. p. 191.

[2] Ein gleichlautendes Privileg ist für Neustadt gefälscht worden.

[3] Entgegengesetzter Ansicht ist Winkelmann II. B. p. 51.

[4] S. u. a. Annal. Argent. in Böhmers Fontes III. p. 110.

[5] Wenzel ist am 16. Februar in Znaim, am 7. März in Prag, s. Erben Reg. Boem. p. 422 Nr. 902 und p. 423 Nr. 907. Er erscheint als Zeuge in Kaiserurkunden im Februar und März, welch' letzteres uns beweist, daß er vor dem 16. Februar nicht

böhmischen Königs ins Auge faßt, so ergibt sich, daß sie zwischen dem 20. Februar und 3. März vorgenommen worden sei.

Bei dieser Gelegenheit hatten sich alle anwesenden Fürsten dem Kaiser freundlich und geneigt gezeigt, kein Schatten trübte den heitern Kreis der um ihr Oberhaupt vereinten Großen des Reiches[1]. Doch bald sollte sich die Sache ändern; der erste, der sich dem Anblicke des Kaisers entzog, war König Wenzel. Ganz Zuverlässiges läßt sich darüber nicht angeben, allein die Andeutungen zweier alter böhmischer Chroniken[2] scheinen doch einiges Licht verbreiten zu wollen. Sie erzählen, auf dem letzten Reichstage habe Kaiser Friedrich von Wenzel die Zurückgabe einiger Schlösser und Städte verlangt, welche dieser jedoch verweigert habe[3]. — Wer sollte hier nicht unwillkürlich an österreichische Landestheile denken, um deren Erwerb in der Folgezeit sich König Wenzel so viel Mühe gab? Fiel nun wirklich etwas dergleichen vor, so ist es erklärlich, daß Kaiser und König bald in ein gespannteres Verhältnis kommen mußten, da sie sich in ihren Interessen hemmend im Wege standen. Uebrigens war es auch der Aufstand seines Bruders, der Wenzel um diese Zeit nach Hause rief. Schon früher[4] hatte es Kämpfe zwischen den beiden Brüdern gegeben. Dießmal[5] war der Grund der Erhebung Przemisls höchst wahrscheinlich der, weil Wenzel seinem Schwestersohn, Ulrich von Kärnthen, das Fürstenthum Lundenburg einräumte, auf das sein Bruder Anspruch machte.

Anfangs April brach der Kaiser von seiner Winterresidenz auf und begab sich in die westlich gelegenen Reichslande. Er hatte in Wien drei Monate lang Hof gehalten und in dieser Zeit verschiedenen Corporationen eine Fülle der umfangreichsten Gnadenerweisungen gespendet, wie wir sie selbst damals nur selten finden. Es war aber in der That eine eigenthümliche Situation;

---

in Wien war, wenn wir, wie es doch das Wahrscheinlichste ist, annehmen, sein Aufenthalt in Wien sei continuirlich gewesen.

[1] Vgl. über die Königswahl in Wien, Winkelmann ꝛc. II. B. p 52 u. l. Beil. p. 139.

[2] Vgl. Palazký ꝛc. II. Bd. p. 107, Dalimil bei Prohaschla p. 278 und Domherr Franz in Scrptr. rer. Boh. II. 20.

[3] Daß dieser Vorfall, wenn er sich auf dem letzten Reichstage ereignete, auf dem Kaiser Friedrich und Wenzel zusammenkamen, in Wien sich ereignete, folgt daraus, weil eben in Wien beide sich zum letzten Male trafen und nicht wie Palazký annimmt, in Regensburg, wo Wenzel nicht anwesend sein konnte, da er um dieselbe Zeit an der böhmisch-mährischen Gränze (urkundlich am 12. April, s. Erben Reg. Boem. p. 426 Nr. 915) gegen seinen aufständischen Bruder Przemisl beschäftigt war. Auch Böhmer (Reg. d. Wittelsb. p. 18) vermuthet, daß die angeblich 1237 in Regensburg von Wenzel bezeugte Urkunde zum vorhergehenden Jahre gehöre.

[4] Vergl. Anonym. Saxo bei Menken III. B. p. 126.

[5] In einer undatirten Urkunde ruft der Markgraf die Edeln der Znaimer-Provinz auf den 22. April unter die Waffen, s. Erben Reg. Boem. p. 424 Nr. 910.

der Kaiser behandelt Klöster und Städte, wie dem Reiche unmittelbar an-
gehörig, indeß der Herzog in abwartender Stellung ruhig in Neustadt liegt
und immer noch unbezwungen dasteht.

Bis Enns wenigstens begleiteten die meisten Fürsten den Kaiser, welcher
hier auf eklatante Weise die Einverleibung eines Theiles des babenbergischen
Besitzthumes, Steiermarks nämlich, in den Compler des Reichsgutes bekundete,
indem er urkundlich[1]) erklärte, daß er die Ministerialen und Dienstmannen
dieses Landes auf ihre Bitte, in Erwägung ihrer Treue und Zuneigung,
womit sie das Joch der Unterdrückung und Ungerechtigkeit abgeworfen und
unter die gerechte und milde Herrschaft des Reiches sich begeben haben, in
seine und des Reiches Herrschaft nehme, so, daß, wenn auf Verlangen der
Ministerialen ihr Land einst vom Reiche an einen Fürsten verliehen werden
sollte, es nicht wie bisher einem österreichischen, sondern einem eigenen gegeben
werde; ferner bestätigte[2]) er ihnen ihre alten von den Herzogen Ottokar und
Leopold gewährten Rechte und Gewohnheiten und erweiterte sie.

In Linz trennte sich der Kaiser von Ekbert von Bamberg[3]), den er
als Statthalter zurückließ und der nun dasjenige, was dem Kaiser in den
drei Monaten seines Aufenthaltes in Oesterreich nicht gelungen war, erreichen
sollte: die vollständige Unterwerfung des Herzoges Friedrich. Es ist nicht
zu läugnen, daß der Kaiser sein, mit einem gewißen Pompe begonnenes Unternehmen nur halb vollendet verließ und daß bei seinem Abzuge jene Elemente,
welche bei der Aechtung des Herzogs gegen diesen sich so eifrig bewiesen hatten,
unthätig die Hände in den Schooß legten, kurz, die Aussichten auf ein vollkommen günstiges Resultat mögen zwar äußerlich ziemlich glänzend gewesen
sein, im Grunde aber waren sie wenig verheißend[4]), so lange der Herzog mit
bewaffneter Hand im Lande stand. Den Kaiser riefen die Verhältnisse nach
Süden; noch ein kurzer Aufenthalt in Deutschlands Gauen und er sollte dieselben auf immer verlassen. Von Enns weg betrat er Baiern, wo er in

[1]) S. Böhmer Reg. Frid. p. 174 Nr. 892, Huill. Bréh. V. B. p. 60, in deutscher Uebersetzung bei Muchar ꝛc. V. B. p. 151.

[2]) Auf Steiermark scheint der Kaiser ein besonderes Augenmerk geworfen zu haben, vgl.
Alber. Monach. trium font. in Access. hist. Leibniz. p. 561: Dux Austriae F. ab Imperatore omnino exhaeredatus esse videbatur, specialiter a ducatu Styriae.

[3]) S. Contin. Sancruc. ad A. 1237, Contin. Lamb. und Annal. S. Rudp. Salisb. ad A.
1237. Was Herm. Altah. l. c. p. 504 berichtet, daß mit Ekbert der Burggraf von
Nürnberg, sowie die Grafen von Henneberg und Eberstein in Oesterreich zurückgelassen
wurden, ist unrichtig, da sich alle drei urkundlich als in der Umgebung des Kaisers
nachweisen laßen, s. Böhmer Reg. Frid. p. 174 Nr. 892 und Huill. Bréh. V. B. p. 82.
Ein Eberstein und nach Contin. Lambac. ad A. 1237 auch ein Henneberg kamen erst
nach Ekberts Tode.

[4]) Vergl. Annal. Mellic. ad A. 1238(37): Imperator in Wienna se tenuit et cum id, quod
conabatur, efficere non evaluit, mense quarto Austriam egreditur quibusdam comitibus
relictis civitati pro praesidio.

Regensburg Oſtern feierte[1]). Anf die erſten Tage des Juni hatte er nach
Speier die Fürſten gerufen, um die Wahl ſeines Sohnes zu beſtätigen, dem
die Verſammelten auch nachkamen. Im Anfange Auguſts dann ſchaarte er
ſeine Trupen um ſich und brach nach Italien auf; im September ſtand er
bereits in der Lombardei. Bis an die Gränze Deutſchlands begleitete ihn der
Biſchof Rüdiger von Paſſau[2]), welcher ihm ſchon zu Weilheim alle Lehen
ſeiner Kirche, welche einſt Herzog Leopold inne gehabt hatte, alſo Güter auf
öſterreichiſchem Boden, gegen eine Summe von 1400 Mark und 600 Heller
als Pfandlehen überlaſſen hatte[3]). Zu Klauſen verſprach der Kaiſer dem
Biſchof, ihn gegen alle Feinde und Beleidigungen zu vertheidigen und zu
ſchützen und gab ihm Warnungen gegen die Anſchläge derſelben; in ähnlicher
Weiſe hatte er kurz vorher das Domkapitel von Salzburg in ſeinen Schutz
genommen.

Herzog Friedrich hatte ſich, wie ſchon oben bemerkt, während des Kaiſers
Anweſenheit in zurückgezogener, abwartender Stellung gehalten, wohl faſt ein
ein halbes Jahr hindurch. Der Kaiſer hatte ihm bei ſeiner Abreiſe im kriegs-
gewandten Biſchofe von Bamberg einen wenigſtens ebenbürtigen Gegner zurück-
gelaſſen, der, abgeſehen von ſeiner kriegeriſchen Begabung, für dieſen ſpeziellen
Fall um ſo geeigneter ſchien, da er bekanntlich als Begleiter des Herzoges
im Jahre 1233 ſich monatelang in den babenbergiſchen Ländern aufgehalten
hatte und daher eine bedeutende Kenntniß des Terrains und der Verhältniſſe
derſelben ſich geſammelt haben konnte. Hatten wir ſoeben geſehen, daß die
Ausſichten des Kaiſers für die gänzliche Unterwerfung des Herzogthums nicht
ſonderlich glänzend waren, ſo war deßhalb Friedrich noch in keiner viel beſſeren
Lage als am Beginne des perſönlichen Auftretens des Kaiſers; und es läßt
ſich nicht übergehen, daß jene Menge kaiſerlicher Privilegien und Gunſtbeweiſe
nicht umſonſt geweſen ſind; beſonders mag dieß von den Klöſtern gelten, welche
in hervorragender Weiſe ſich kaiſerlicher Gnaden erfreuten, wenn es auch unter
ihnen wieder Ausnahmen gab, wie z. B. das Kloſter Mölk, deſſen Abt ſtets
treu zum Herzoge hielt und dem derſelbe zur Zeit ſeiner höchſten Bedrängnis
am Ende des Jahres 1236 das Recht der freien Wahl urkundlich[4]) beſtätigte;
dafür ſcheint es aber auch mit keiner kaiſerlichen Urkunde im Jahre 1237 bedacht worden zu ſein. Aehnlich mag es ſich mit dem Kloſter Maria-Zell
verhalten haben. Daß Friedrich während der Regentſchaft Ekberts nennens-
werte Fortſchritte gemacht hätte, iſt mit Recht zu bezweifeln, um ſo mehr

---

[1]) S. Herm. Altah. in Böhmers Fontes II. p. 504 und Godfr. Colon. in Böhmers Fontes
II. p. 370 u. a.

[2]) S. Böhmer Reg. Frid. p. 175 Nr. 907 u. flgb.

[3]) Ein Zeichen, wie ſehr es dem Kaiſer daran lag, den geſammten Ländercompler, ten
die Babenberger beſaßen, für ſich zu gewinnen.

[4]) S. Meiler Reg. d. Bab. p. 156 Nr. 40, vgl. Kaiblinger Geſch. v. Melk l. c.

aber konnte er es sich für einen glücklichen Zufall rechnen, daß dieser sein gefährlicher Gegner, der schon ziemlich bei Jahren war, gar bald die Augen schloß. Ekbert starb[1]) bereits am 5. Juni, hatte also die übertragene Statthalterschaft noch nicht zwei Monate geführt. Uebrigens war der Herzog noch bei dessen Lebzeiten aus seiner Veste hervorgekommen, so daß er am 31. Mai in Enns[2]) stand, wo er für das Kloster Erla eine Urkunde ausstellte. Bald darnach hatte er sich schon fünf fester Plätze bemächtigt[3]). Der kaiserliche Gnadenbrief, ausgestellt im April zu Enns, hatte die Steiermärker vor allen andern dem Kaiser gewonnen und zum Kampfe gegen die Herrschaft des Babenbergers angeeifert. Im Solde des Kaisers sammelten sie sich und drangen in das österreichische Herzogthum ein. Allein in kurzer Zeit waren ihre Schaaren von Friedrich zerstreut, denn nachdem mehrere getödtet und gefangen waren, kehrten die übrigen eilends nach Hause zurück, allerdings noch an keine Unterwerfung denkend. Der ihnen vom Kaiser gegebene Landesverweser war einer der ersten, welche sich ihrem Herzoge wieder zuwandten, bei dem er sich schon Ende Mai eingefunden hatte, er erscheint als Zeuge in der erwähnten Urkunde für Erla. Der Kaiser hatte die Nachricht vom Tode des Bamberger-Bischofes jedenfalls noch in Deutschland erhalten, während er mit den Zurüstungen zum italienischen Feldzuge beschäftigt war. Sie wird ihn um so unangenehmer berührt haben, als er nicht mehr im Sinne haben mochte, die Kriegsmacht des Reiches sowie im vergangenen Jahre 1236 zu zersplittern, wodurch er, wie es sich gezeigt, beiderseits nicht die gewünschten Erfolge erzielt hatte. Doch die Hoffnung und Aussicht auf die vollständige Erwerbung der schönen Herzogthümer war zu verlockend, als daß er jetzt bedeutende Opfer gescheut hätte. Er sandte daher um die Zeit der Weinlese die zwei Grafen, Eberhard von Eberstein und einen von Henneberg[4]) mit 200 Rittern nach Oesterreich.

Wie weit der Herzog zu dieser Zeit schon vorgeschritten war, kann man daraus entnehmen, daß der kaiserliche Heerführer nur den Auftrag hatte, das was bisher erobert war, besonders aber Wien zu vertheidigen[5]). Die Stellungen waren also bereits vertauscht: der Herzog ging in die Offensive über, während sich die Reichstruppen auf die Defensive beschränken mußten. Er ließ den neu angekommenen Gegnern nicht lange Zeit, sich im Lande umzusehen und

---

[1]) Necrol. Claustron bei Fischer. und Annol. Scheftl. l. c. p. 388 u. a.

[2]) S. Meiler Reg. d. Bab., p. 157 Nr. 42.

[3]) Contin. Sancruc. ad A. 1237.

[4]) Contin Lambac. ad 1237. — Contin. Sancruc. ad A. 1237: Circa vindemiam, quae satis sterilis erat ipso anno, venit comes de Eberstein cum aliis multis ex praecepto Imperatoris.

[5]) Annol. Marbac. M. G. XVII. p. 178: Deinde (Imp.) remisit Eberhardum de Eberstein cum ducentis militibus ad custodiendum civitatem Wiennae.

rückte ihnen bis Tuln am rechten Donauufer entgegen, ein Beweis, daß er schon eine ziemliche Strecke Landes unter der Enns sein nennen konnte. Diesem Reichsheere hatten sich auch steirische Ministerialen angeschlossen. Auf der Ebene bei Tuln kam es zum Treffen, das für beide Theile wenig entscheidend gewesen zu sein scheint, der Graf von Eberstein zog nach Wien, ohne vom Herzoge daran gehindert zu werden, die Oberhand scheint nach dem Wortlaute der Erzählung[1] Friedrich behalten zu haben. Eine genaue Zeitbestimmung für diese Schlacht bei Tuln anzugeben, ist nach dem vorhandenen Materiale unmöglich, nach dem Berichte des Mönches von Heiligkreuz fällt sie in die Zeit der Weinlese, also in den September oder Oktober 1237[2].

Bei allen diesen Kämpfen hatten die Länder viel an Verwüstungen und Plünderungen gelitten, im Westen durch bairische, im Norden durch böhmische Truppen; es waren aber auch die meranischen Fürsten in Steiermark[3] nicht gelinder verfahren, besonders schienen sie es auf Beraubung der Kirchen und Klöster abgesehen zu haben[4].

Wie schon erwähnt, hatten sich alle Reichsfürsten, auch die dem Herzoge besonders feindlichen mit Ausnahme Eberts, zugleich dem Kaiser außer Landes begeben. Herzog Otto weilte am 5. Mai[5] bereits in Regensburg, der Patriarch von Aquilleja am 29. Mai[6] in Udine und Rüdiger von Passau wird am 2. Juni[7] in seiner Residenzstadt gefunden. Der zweite vom Kaiser zur Bekämpfung Friedrichs bestellte Statthalter, der Graf von Eberstein, saß zwar in Wien, aber er hielt seine Kräfte zu schwach, um gegen den Herzog angriffs- weise vorgehen zu können, besonders da sich im Lande bereits eine Stimmung kundzugeben begann, der er nicht mehr sein Vertrauen schenken konnte[8].

---

[1] Die betreffende Stelle der Contin. Sancruc. II. ist doppelsinnig: »venit comes de Eber- stein, cui dux occurrit circa Tulnam cum suis. Cui (?) cum resistere minime valeret, reversus ad castra sua.« Damit die Stelle der Contin. Lambac.: »quibus dux viriliter resistens« verglichen, scheint sich eher auf einen Erfolg des Herzogs schließen zu lassen.

[2] Schon aus der Zeitangabe der Contin. Sancruc. folgt, daß der Bischof von Passau fast unmöglich an der Schlacht von Tuln theilnehmen konnte, da er im September noch an der Grenze Südtirols ist. Da Schirrmacher ıc. III. p. 309 die Gefangen- nehmung Rüdigers in einer Schlacht bei Tuln sich einmal festgesetzt hatte, so mußte er die Zeitbestimmung der Contin. Sancruc. »circa vindemiam (1237)« verwerfen, wozu sonst kein Grund vorhanden ist.

[3] Nach Böheim, Chronik von Wien. Neust. p. 56 soll Friedrich die Steiermärker auch in einer Schlacht bei Pössau geschlagen haben. (Ich kenne keine Quelle, die solches erwähnt.)

[4] Vgl. Annal. S. Rudp. Salisb. ad A. 1236.

[5] S. Böhmer Reg. d. Wittelsb. p. 18.

[6] S. Reg. v. Aquileja im 21. B. des Archivs f. öst. Gesch. p. 211.

[7] S. im 24. B. d. Archivs ıc. p. 44.

[8] S. Contin. Sancruc. II. ad A. 1237: Qui comes (de Eberstein) in Wienna manens sine effectu, quia nulli se committere audebat propter infidelitatem, quae tunc reg- nabat in terra.

So stand denn der Herzog am Ende des Jahres 1237 nicht nur nicht besiegt da, sondern stärker, als am Beginne desselben und fest entschlossen, die glücklich betretene Bahn der Wiedereroberung seiner Länder rüstig weiter zu verfolgen. Ueber die in Oesterreich stattgehabten Ereignisse des Jahres 1238 ist ein merkwürdiges Dunkel verbreitet, da weder ein gleichzeitiger Annalist uns irgend etwas überliefert, noch eine herzogliche Urkunde aus diesem Jahre uns erhalten ist. Werfen wir aber einen Blick in die übrige Reichsgeschichte, so können wir bald Momente entdecken, welche in der nächsten Zeit höchst wichtig auf die Geschicke Oesterreichs eingewirkt haben.

Kaum war der Kaiser in Italien angelangt, als er den durch die österreichischen Verhältnisse unterbrochenen Kampf mit den rebellischen Städten wieder muthvoll aufnahm. Nachdem er sich mit sarazenischen Schaaren bedeutend verstärkt hatte[1]), zog er ins Mantuanische, wo es ihm jetzt bald gelang, die Stadt sich zu unterwerfen. Fortwährend suchte er das lombardische Heer zu vermögen, mit ihm eine Schlacht einzugehen, allein vergebens. Endlich hatte es sich, durch einige geschickte Truppenbewegungen der kaiserlichen Armee veranlaßt, aus seiner sichern Stellung aufgemacht und auf die Gefilde bei Cortenuova begeben. Das hatte der Kaiser schon längst gewünscht, sein kampfbegieriges Heer griff schnell den lombardischen Vortrab an[2]) und als es denselben bald geschlagen und in die Flucht gejagt hatte, warf es sich auf die Hauptmacht, auf die den Fahnenwagen umgebenden Mailänder und Alessandriner, welche nach tapferem Widerstande, durch die Nacht dem Auge der Feinde entzogen, sich bis zum andern Tage ebenfalls auf die Flucht begeben hatten. Der Kaiser hatte an diesem Tage, es war der 27. November, einen glänzenden Sieg errungen, das ganze Heer des Städtebundes war zerstreut, ein großer Theil desselben gefallen oder gefangen und nun schien er baldigst sein begonnenes Werk mit einem ruhmvollen Ende krönen zu können. Aber gerade diese seine großen Fortschritte beschworen ihm anderseits wieder Feinde herauf, deren tiefgreifender Einfluß die größten Folgen hatte. Voran stand Papst Gregor, ein bejahrter aber thatkräftiger Mann, der sich durch die raschen und bedeutenden Erfolge des Kaisers in Oberitalien auf das ernstlichste bedroht sah und jetzt gegen ihn, mit dem er seit ihrer Aussöhnung zu St. Germano im Jahre 1230 bis nun, wenn nicht gerade auf vertraulichem so doch auf friedlichem Fuße gestanden war, in die Schranken trat. Vor allem handelte es sich für die Curie in Deutschland bei den Fürsten eine für ihre Sache geeigneten Boden zu finden; als solcher erschien der böhmische Hof am tauglichsten, denn König Wenzel war ein Herrscher, der äußern Einflüssen nicht wenig zugänglich war. Besonderer Gunst erfreute sich bei ihm seine

---

[1]) Vgl. Böhmer Reg. Frid. p. 176 Nr. 911. Roland. bei Muratori VIII. B. p. 218.
[2]) S. die ausführlichen Berichte hierüber bei Winkelmann ꝛc. II. B. p. 72, Schirrmacher ꝛc. III. B. p. 21, Raumer Gesch. d. Hohenst. III. B. p. 614 u. a.

Schwester Agnes. Diese war von dem Augenblicke an, da sie die Hoffnung auf das königliche Diadem in Deutschland in Folge der Bemühungen und Machinationen[1]) der staufischen Partei durch die Vermählung Heinrichs mit Margaretha verloren hatte, eine entschiedene Gegnerin der genannten Partei geworden und wußte ihren nicht zu unterschätzenden Einfluß am böhmischen Hofe[2]) in diesem Sinne geltend zu machen. Sie hatte sich zwar im Jahre 1233 in ein Kloster zurückgezogen[3]), allein hinter dem Schleier wurde die Politik noch immer nicht vergessen, ja die königliche Nonne wußte mit ziemlichem Verständniß ihre politischen Ziele zu verfolgen. Papst Gregor wußte dieß sehr wohl zu schätzen und unterließ es nicht, sie für seine Sache und durch sie auf den Böhmenkönig Einfluß zu gewinnen. Es handelte sich vor allem darum, ihn von der Bundesgenossenschaft mit dem Kaiser abzuziehen, die er mit demselben gegen Herzog Friedrich geschlossen hatte. Wirklich war auch zur Durchführung dieses Planes das Terrain so günstig, wie nur möglich; schreibt[4]) doch Wenzel 1257 an Gregor: »Durch die Gewährung ihrer (der Agnes) Bitten werdet ihr, heiligster Vater, mich in jeder Hinsicht unter eure Botmäßigkeit bringen, denn in Wahrheit, ich liebe diese meine Schwester, wie Frau und Kinder und alle Güter des Lebens, ja ich bin ihr mehr zugethan, als irgend jemandem unter den Sterblichen«. Im Jahre 1238 finden wir dann auch den Papst im eifrigen, brieflichen Verkehre[5]) mit Agnes, welche unterdessen Aebtissin ihres Klosters geworden war, als welcher sie sich mancher päpstlicher Gunsterweisungen erfreute. Auf diese Weise hatte sich also Gregor den König nach dessen eigenem Geständnisse verbunden. Es ist kaum zu bezweifeln, daß er ihn bereits gegen Ende 1237 in Betreff Oesterreichs anging und ihn zur Unterstützung des Herzogs[6]) zu bewegen suchte. Indessen ist nicht anzunehmen, daß er noch im Jahre 1237 eine Trennung des Königs vom Kaiser bewirkt habe, es wird uns dieß auch von keiner Seite berichtet.

Daß König Wenzel in diesem Jahre nach der Entfernung des Kaisers aus Oesterreich nicht handelnd in dortigen Verhältnisse eingriff, wo er doch schon festen Fuß gefaßt hatte, hat, wie wir gesehen, in andern Vorfällen seinen Grund, nämlich in der ohnehin schon eingetretenen Spannung zwischen

---

[1]) Vgl. Winkelmann ic. I. p. 251 und Schirrmacher I. p. 144.

[2]) S. Palacky Gesch. v. Böhmen II. B. p. 101.

[3]) Annal. Prag. M. G. XI. p. 171 ad A. 1233.

[4]) S. Erben Reg. Boem. p. 429 Nr. 922.

[5]) S. Erben Reg. Boem. Nr. 944 u. f. w.

[6]) S. Acta Albert. Bohem. edid. Haeßler p. 9: Gregorius .. memorat beneficia in Fridericum Austriarum a rege Boemiae instantium suam collata. Cum eis ab imperatore omnibus terris spoliatus fuerit, rex Boemiae jussu papae ad fuit eidem auxilio, subsidia praebuit, donec recuperavit terras.

ihm und dem Kaiser und in dem Kriege, den er um diese Zeit mit seinem Bruder Przemisl zu führen hatte.

Ebenso günstig als unerwartet gestaltete sich Friedrichs Verhältnis auch in Bezug auf Herzog Otto von Baiern. Erzbischof Eberhard hatte sich eine Vermittlung des bereits drei Jahre dauernden Streites zwischen Otto und dem Bischofe Conrad von Freising[1]) angelegen sein lassen und dieselbe auch am 9. Juli 1237 zu Stande gebracht. Schon das mochte für Friedrich ein Gewinn sein. Denn da sich Otto mit dem Bischofe Conrad, der seit seiner Freilassung aus österreichischer Haft im Jänner dieses Jahres nicht mehr den Feinden, sondern eher den Freunden Friedrichs zugezählt werden konnte, ausgesöhnt hatte, so mochte schon dadurch seine feindliche Stellung gegen den östlichen Nachbar eine diesem günstige Wendung erfahren. Allein bald trat noch ein anderer Fall ein, der Otto völlig von der kaiserlichen Parthei entfernte und ihn folgerichtig dem österreichischen Herzoge näherbrachte. Er war nämlich noch während des Jahres 1237 mit dem Reichsverweser Sigfried, Erzbischof von Mainz wegen des Klosters Lorsch in einen Streit gerathen. Der Kaiser, die politische Tragweite desselben wohl ermessend, gebot[2]) zwar einen Waffenstillstand bis Johannis 1238; aber der Keim war schon gelegt und er entwickelte sich rasch, da er von anderer Seite reichlichst genährt wurde. Im Sommer des Jahres 1238 machte sich Sigfried mit König Conrad auf den Weg nach Italien[3]), um dem Kaiser ein Hilfsheer zuzuführen. Das war nun die rechte Zeit, wo die Feinde des Kaisers ein reges Leben entfalten konnten und den Herzog Otto auf ihre Seite herüberzuziehen wußten. Daß man aber bei demselben auch aus andern Gründen, abgesehen von seinem Streite mit dem Erzbischofe von Mainz, günstigen Boden fand, mag aus Folgendem hervorgehen. Es ist nicht bloßer Zufall, daß wir seit dem April des Jahres 1237, um welche Zeit der Bischof von Bamberg zum kaiserlichen Statthalter für die babenbergischen Länder eingesetzt und dadurch die faktische Besitznahme derselben durch den Kaiser manifestirt wurde, weder den König von Böhmen noch den Herzog von Baiern in des Kaisers Umgebung finden. War auch ihr Haß gegen Herzog Friedrich noch so groß, aber eine solche Vermehrung der kaiserlichen Macht paßte durchaus nicht in den Kram ihrer Interessenpolitik, sobald sie dabei selbst keinen materiellen Nutzen erhaschen konnten. Außer diesem haben für den Augenblick allerdings noch nicht die Einwirkungen päpstlicher Boten und Gesandten auf Herzog Otto stattgefunden,

---

[1]) S. Annal. Schestl. l. c. 5. B. p. 60 ad A. 1235, so auch mit Regensburg ebend. p. 57, s. auch Reg. Boica II, p. 264.

[2]) S. Huill. Bréb. V. B. p. 185 und Alber. Monach. in Access. hist. Leibniz. p. 568.

[3]) Im Juli traf er mit dem Kaiser in Verona zusammen, s. Rich. de S. Germ. l. c. und Böhmer Reg. Frid. p. 180.

sondern der dem Babenberger zugethanenen bairischen Landesbischöfe, welche eine Aussöhnung mit diesem anbahnten. Daß aber diese ganz im Sinne Roms handelten, beweist die später erfolgte anfänglich dem Bischofe Conrad von Freising günstige Intervention[1] Alberts der Böhmen, der nun bald zu wirken begann.

Die Bischöfe vermittelten also zwischen den beiden Herzogen einen Vergleich, dessen Bedingungen uns freilich unbekannt sind, die sich aber wahrscheinlich, wenn nicht ausschließlich, doch theilweise auf die meranischen Besitzungen und Erbgüter an der österreichisch-bairischen Gränze bezogen, welche Friedrich seinem Nachbar preisgegeben haben mag; denn noch in diesem Jahre sah sich der Herzog von Meranien bewogen, den zwischen ihm und dem Herzoge Otto geschlossenen Waffenstillstand zu brechen und mit seinen Leuten Baierbrunn zu überfallen[2]. Bald jedoch kam eine Aussöhnung zu Stande, da der Meranier das Eroberte wieder herausgab. Nicht lange dauerte es, so befand sich Otto in einer neuen Fehde[3] und zwar mit dem erst vor einem Jahre versöhnten Bischofe von Freising; allein noch vor dem Ausbruche derselben erfolgte auf friedlichem Wege ein bedeutend wichtigeres Faktum: Die Aussöhnung Friedrichs mit König Wenzel. Daß sich am böhmischen Hofe zu einem Ausgleiche mit dem Babenberger kein unfruchtbares Feld vorfand, haben wir bereits gesehen, besonders, da sich Papst Gregor selbst desselben annahm. Friedrich war in der ersten Hälfte des Jahres 1238 wegen des schon erwähnten Friedensschlusses mit Otto in Begleitung von angeblich 4000 Rittern nach Passau gekommen und hatte diesen sich vorgesetzten Zweck erreicht; der bairische Herzog aber hatte ihm zugleich versprochen, für ihn den Abschluß einer Einigung mit König Wenzel zu Stande zu bringen[4].

Er unternahm daher eine Reise nach Böhmen und suchte den König zu bewegen, selbst nach Passau zu kommen. Ob sich Wenzel in Folge der

[1] Albert. Boh. p. 4: Petit (Albertus) de inquisitione episcopi Frisingensis supersedere et prolixiorem terminum statuere decem mensium scilicet. Dieser Aufschub sollte zu Gunsten und auf Bitten Conrads sein. — Daß diese Stelle zum Jahre 1238 gehört, hat Schirrmacher III. p. 314 nachgewiesen. Die Schriften Alberts s. in Bibl. S. lit. Ber. XVI.

[2] Annal. Scheftl. ad A. 1238: Anno 1238 in vigilia sancti Thomae ante natale . . . . infractae sunt treugae, quae factae sunt inter ducem Bawariae et ducem Meranniae l. c. p. 388.

[3] Albert. Boh. fälschlich zum Jahre 1239 p. 4: Discordia inter episcopum Frisingensem ac ducem Bojorum . . .

[4] S. Albert. Boh. ad A. 1239 (richtig 1238) p. 4: B. Argentino episcopo Albertus significat ducem Austriae quatuor millibus equorum Pataviam venisse, mediante episcopo Frisiorum a duce suo O. impetrasse, ut ipse sit mediator inter regem Boemiae et ducem Austriae in dominica Oculi. Ob hoc intravit dux Bawariae Boemiam regem Boemiae Pataviam evocaturus. Ibi mediantibus Ratisponensi Frisingensi episcopis concordia facta.

Bemühungen Otto's dazu verstand oder nicht, läßt sich nicht bestimmen, allein das Resultat der Verhandlungen, welche nach Alberts des Böhmen bestimmter Aussage in der genannten Stadt gepflogen wurden, ist uns bekannt: durch Vermittlung der Bischöfe von Regensburg und Freising wurde ein Ausgleich und Friede zwischen Böhmen und Oesterreich abgeschlossen. Ganz deutlich tritt bei dieser Gelegenheit die böhmische Politik zu Tage. Der Herzog mußte schon jetzt an Wenzel das ganze Gebiet[1] nördlich der Donau abtreten und ihm seine Nichte Gertrud, die Tochter seines verstorbenen Bruders, Heinrichs des Grausamen, für dessen Sohn Wladislaus zur Gemahlin[2] versprechen, wobei die Tendenz klar erkennbar ist, bei einem möglicherweise kinderlos er- folgenden Tode Friedrichs Erbansprüche erheben zu können. Was Wunder also, wenn wir hören, daß bald nach der Ankunft des Kaisers in Wien, wo man von Seite der gegen den Herzog Verbündeten sich bekennen mußte, daß man die Länder nur für den Kaiser erobert habe, zwischen diesem und dem Könige Wenzel schon Differenzen entstanden, weil eben die Bestrebungen ihrer Politik auf ein und dasselbe Ziel gerichtet waren, woraus nothwendig Eifersucht ent- stehen mußte.

Es waren noch kaum zwei Jahre verflossen, da der Kaiser den gegen Oesterreich geeinigten Fürsten und diese ihm feierlich versprochen hatten, eigen- mächtig ohne die andern keinen Frieden oder Vergleich mit dem geächteten Herzoge zu schließen, und jetzt hatten dieses Versprechen gerade die beiden, nach dem Kaiser am meisten betheiligten Fürsten des Bundes selbstsüchtig ge- brochen. Herzog Friedrich hatte durch die abgeschlossenen Einigungen Be- deutendes[3] gewonnen. Mußte er auch einen schönen Theil seines österreichischen Herzogthums einem neuen Bundesgenossen opfern, so konnte er sich doch jetzt ohne Sorgen, von äußeren Feinden behelligt zu werden, ungetheilt der voll- ständigen Wiederunterwerfung seiner aufständischen Länder widmen und hatte sich überdieß die Zuneigung des Papstes erworben, der in ihm einen tüchtigen Anhänger zu gewinnen hoffte[4]. Daß Gregor mit Friedrich jetzt schon in direkter Verbindung stand, kann als wahrscheinlich, aber nicht als erwiesen gelten, daß dasselbe aber mit seinen jetzigen Bundesgenossen der Fall war, haben wir theilweise, wie beim Könige von Böhmen, schon beobachtet; bald fand Aehnliches auch bei Herzog Otto statt. Wie nämlich das Verhältnis

---

[1] Vergl. Contin. Sancruc. II. ad A 1241.

[2] Vergl. Albert. Boh. p. 10: Papa miratur igitur (cum idem dux toto posse juramento praestito sibi adesse debeat et negotium, quod ipse novit, cum aliis devotis ecclesiae principibus promovere, neptemque suam filio regis Boemiae copulare) etc., s. auch p. 6: Ottoni de Frisaco mandat etc. Vgl. Palazky ꝛc. II. B. p. 111.

[3] S. Contin. Sancruc. II. ad A. 1239: Rex Boemiae se opposuit imperatori, cujus con- silio et auxilio dux Austriae quotidie crescendo intollerabilis factus est hostibus suis.

[4] Vergl. die oben zitirte Stelle in Albert. Boh. p. 10.

desselben zum Kaiser in Folge des Streites mit dem Reichsverweser und dann wegen des Ausgleiches mit Oesterreich bekannt wurde, so ließ ein Unterhändler zu Gunsten der päpstlichen Politik am bairischen Hofe nicht lange auf sich warten. Albert[1]), der Böhme, war es, der jetzt so bedeutend in die Verhältnisse einzugreifen begann, ein Mann, der sich mit der ganzen Leidenschaftlichkeit seines Charakters auf die Aufgabe warf, die er sich gesteckt hatte. Fällt auch der Hauptmoment seines Wirkens erst in die Zeit nach der Excommunication des Kaisers (1239), so sehen wir ihn doch schon das Jahr[2]) vorher in Baiern die größte Thätigkeit entwickeln. In diesem Jahre (1238), wohl unmittelbar nach dem Vergleiche Baierns und Böhmens mit Oesterreich war der Streit zwischen dem Herzoge Otto und dem Bischofe Conrad von Freising wieder ausgebrochen. Nachdem Albert Anfangs auf der Seite des Bischofes gestanden war, weil er wahrscheinlich seiner noch für Herzog Friedrich bedurfte, so benützte er jedoch bald diese Gelegenheit, um den Herzog Otto ganz für die Sache, die er beförderte, zu gewinnen. Denn er trat zu Anfang des Jahres 1239 mit aller Strenge gegen Bischof Conrad auf, und that ihn sammt seinen Anhängern, den Aebten von Abach und Bohburg in den Bann. Conrad versuchte es allerdings mit den gleichen Waffen und excommunicirte den Herzog, aber dagegen trug Albert Sorge; auf sein Ansuchen erklärte der Papst den Bannfluch des Bischofs für ungültig, indem er festsetzte[3]), daß Otto ohne ausdrücklichen päpstlichen Befehl nicht excommunicirt werden dürfe.

Der Kaiser hatte in Italien mit dem Siege bei Cortenuova den Höhepunkt seiner Macht erreicht. Da er sich nach demselben mit den noch ununterworfenen Städten nicht zu einigen vermochte, so mußte im Sommer des nächsten Jahres 1238 der Kampf wieder aufgenommen werden. Noch vor dem Ende Mai's fielen die Reichstruppen in's Gebiet von Alessandria ein[4]), ohne jedoch erhebliche Erfolge zu erringen. Im Juli bereitete der Kaiser alles vor, um Brescia durch eine ernstliche Belagerung zur Uebergabe zu zwingen. Zu diesem Behufe führten ihm sein Sohn Konrad und der Reichsverweser frische Truppen aus Deutschland zu und vereinigten sich mit ihm in Verona, wo auch der Deutschmeister Hermann, aber schon krank, ankam. Auch andere Reichsfürsten, wie der erwählte Erzbischof von Köln und der von Magdeburg, die Bischöfe von Worms und Würzburg, Rüdiger von Passau u. a.[4]) hatten es nicht verschmäht, ihrem Kaiser Hilfe zu bringen. Mit diesen Kräften war

---

[1]) S. über ihn Höflers Vorrede zu Alb. Boh. und Schirmacher :c. III. p. 102.

[2]) Aus dem Briefe Alberts an den Bischof von Straßburg erhellt, daß er schon 1238 um die Zeit des Friedensschlußes zwischen Otto und Friedrich und beim Beginne der freisingischen Fehde am Hofe des erstern wirkte. Vgl. darüber Schirmacher :c. III. p. 310.

[3]) S. Böhmer Reg. Greg. p. 346 Nr. 139, Reg. Roira II 282 und Quellen zur bair. Geschichte 5. B. p. 66.

[4]) S. Böhmer Reg. Frid. p. 181 Nr. 951.

die Belagerung Brescia's unternommen, das sich aber gerüstet hatte. Während der Kaiser hier im Lager stand, gedachte er in einer Urkunde der zu Wien ansässigen Juden, seiner Kammerknechte, und erließ zu ihrem Besten verschiedene Anordnungen: In ihren Häusern sollten sie ohne ihre Zustimmung keine Gäste aufzunehmen brauchen; wenn bei ihnen gestohlene Güter vorgefunden werden und sie bekräftigen eidlich, daß sie sie gekauft hätten, so soll sie der Eigen-thümer nur gegen Zahlung des Preises zurücknehmen dürfen; keiner soll ihre Söhne und Töchter ohne ihre Einwilligung taufen; wenn ein Jude gegen einen Christen oder umgekehrt einen Rechtsstreit hat, so soll sich jeder nach seinem Gesetze Gerechtigkeit schaffen und den Beweis führen, keiner soll zur Feuer- oder Wasserprobe genöthiget oder durch Geißelhiebe und Kerker ver-sucht werden, sondern schwöre nach seinem Gesetze nach 40 Tagen; wenn jemand gegen einen aus ihnen Pläne schmiedet und ihm nach dem Leben strebt, so soll der Rathgeber wie der Thäter zu 12 Goldpfunden an die kaiserliche Kasse verurtheilt werden u. s. w.[1]

Der Bischof von Passau, der auch im kaiserlichen Lager stand, hatte sich mit Herzog Friedrich schon das Jahr vorher ausgesöhnt, war aber nichts destoweniger ein eifriger Verfechter der kaiserlichen Sache und unterließ es bei seiner Anwesenheit im Lager sicherlich nicht, dem Kaiser ein deutliches Bild der Zustände Deutschlands, insbesondere Oesterreichs, zu entwerfen, mit dessen Verhältnissen er als benachbarter Fürst ja so häufig in Berührung kam. Konnte er auch noch nicht den Fall Wiens oder die gänzliche Eroberung des Landes berichten, so wird er doch über die großen Fortschritte, die der Herzog, begünstiget von des Kaisers ehemaligen Bundesgenossen, machte, genaue Kunde gegeben haben. Eine Aussöhnung mit Friedrich lag aber deßhalb für den Augenblick noch nicht im Plane des Kaisers, stand er ja in Italien auf einem bisher noch nie erreichten Höhepunkte des Glückes, und da sollte er nun wegen der Gesinnungsänderung zweier Bundesglieder seine zuversichtlichst ge-hegten Hoffnungen fahren lassen!

Was die allgemeine Lage der Dinge in Deutschland betraf, so handelte es sich vor allem darum, die ihm bisher treu gebliebenen Fürsten noch mehr zu befestigen und sie noch inniger an seine Sache zu fesseln. In dieser Be-ziehung mag wohl hier schon der Reichsverweser die gehörigen Instruktionen erhalten haben, der in Begleitung des jungen Königs und der meisten andern Großen des Reiches nach der Aufhebung der vergeblichen Belagerung Brescia's nach Hause sich begab. Hatten es die Gegner des Kaisers schon vor dieser unglücklichen Unternehmung zu verschiedenen Malen während dieses Jahres gewagt, sich gegen ihn feindlich zu bezeigen, so wuchs ihnen jetzt um so mehr der Muth, als durch die mißlungene Belagerung der festen Stadt die Folgen

---

[1] S. Böhmer Reg. Frid. p. 181 Nr. 950 und Huill. Bréh. V. B. p. 221.

der ſiegreichen Schlacht von Cortenuova für den Kaiſer ungemein abgeſchwächt[1]) wurde. Auch der Papſt, der ſich vor allen andern durch ihn ernſtlich be-droht ſah, hielt jetzt nicht länger mehr zurück. Mit mancherlei Beſchwerden ſchickte er im Oktober Geſandte an ihn nach Cremona, und als der Kaiſer ſich nicht genügend rechtfertigte[2]), bereitete Gregor ſeinen letzten entſcheidenden Schritt vor. Ende November ſchloß derſelbe zu Rom ein Bündniß mit Genua und Venedig und ſprach am 20. März 1239 in feierlicher Weiſe die Ex-communication[3]) über den Kaiſer aus und befahl die Verkündigung derſelben in allen Theilen des Reiches. Das war nun auch für die Feinde des Staufen in Deutſchland, beſonders aber für Albert, den Böhmen, der rechte Augen-blick, um ſeiner Energie frei die Zügel ſchießen zu laſſen; derſelbe begann von da an eine fieberhafte Thätigkeit zu entwickeln und einen Feuereifer zu bethätigen, der in derſelben Zeit ſeines Gleichen ſucht.

Inzwiſchen hatte Herzog Friedrich Dank der Unbeſtändigkeit des Herzogs von Baiern und des Königs von Böhmen, die ihn jetzt in dem Maße unter-ſtützten, wie ſie ihn früher zu fällen getrachtet hatten, in ſeinem Wieder-eroberungsverſuche bedeutende Fortſchritte gemacht. Der ganze nördliche Theil des Herzogthums Oeſterreich mit den Städten[4]) La und Enns, der allerdings an Böhmen verſprochen war, hatten ſich nebſt vielen andern Burgen ihm unterworfen. Noch aber war es Wien und die großen Miniſterialengeſchlechter in Oeſterreich und Steiermark, die ſich ſeiner mit Tapferkeit erwehrten[5]), da ſie auf ſeine Friedensanerbietungen kein Vertrauen ſetzten. Seine Streitmacht würde ſich noch lange mit dieſen ſtarken und hartnäckigen Elementen haben meſſen können, hätten ſich nicht die Umſtände im Reiche ſo geſtaltet, daß ihm von ſeinen Bundesgenoſſen bald noch ergiebigere Hilfe wurde, als bisher. Auch die Zahl derſelben vermehrte ſich noch im Jahre 1258[6]), indem der Landgraf von Thüringen, Heinrich Raspe, der ſpätere Gegenkönig Konrads mit ſeiner Schweſter Gertrud zu Neuſtadt die Vermählung feierte.

Bereits vor der öffentlichen Excommunication des Kaiſers hatten Alberts Bemühungen wenigſtens in Baiern alles ſchon durcheinander gerüttelt. Seine bedeutendſten Gegner, wie der Erzbiſchof von Salzburg, die Biſchöfe von Paſſau und Freiſing und der Graf Albert von Tirol begaben ſich noch im

---

[1]) Vgl. Winkelmann ꝛc. II. B. p. 121.

[2]) S. Huill. Bréh. V. B. p. 249.

[3]) S. Contin. Sancruc. II. ad A. 1239. Herman. Altah. in Böhmers Fontes II. p. 505 und viele andere,

[4]) Contin. Sancruc. ad A. 1239.

[5]) Contin. Sancruc. ad A. 1239: Majores tamen tam in Austriae quam in Styria mini-steriales et civitates fortiter resistebant duci, quia ducis fidei se committere non audebant.

[6]) Wir folgen hier der Jahresangabe des Chron. Erford. in Böhmers Fontes II. p. 398, anders geben Annal. Mellic. (1239), Histor. Landg. Turing. bei Pistorius I. B. p. 1327 (1240), Chron. Turing. bei Menken III. p. 1290 (1241.)

Verlaufe des März an den kaiserlichen Hof nach Padua, um daselbst ihre Klagen über die in Süddeutschland herrschenden Zustände vorzubringen[1]). Der Kaiser entschloß sich, eine Versammlung der Fürsten zu berufen, um dadurch seine Getreuen enger aneinander zu schaaren. Der Tag war nach Eger auf den 1. Juni ausgeschrieben. Während man von der staufischen Parthei auf diese Weise Schritte machte, um sich über das Vorgehen in der gegenwärtigen kritischen Lage zu berathen und zu einigen, waren die Feinde des Kaisers nicht unthätig. Wohl um einige der Reichsfürsten zu sich herüberzuziehen und in ihre Bundesgenossenschaft einzureichen und allenfalls auch einen beprimirenden Eindruck auf die in Eger Versammelten auszuüben, wählten sich zu gleicher Zeit Herzog Otto und König Wenzel einen an Eger angränzenden Punkt zum Orte ihrer Zusammenkunft und lagerten sich demgemäß bei Ellnbogen. Beiderseits war man mit bewaffneter Macht erschienen, der Reichsverweser soll 1000, seine Gegner 4000 Ritter mit sich geführt haben. Auf die Seite König Konrads gesellten sich die Markgrafen von Brandenburg, der Markgraf von Meißen und der Landgraf von Thüringen, welch' letzterer Anfangs schwankend gewesen, aber endlich vom Könige gewonnen worden zu sein scheint. Albert, der Böhme[2]), selbst bekennt, daß aus dieser Fürstenversammlung große Zwietracht hervorgegangen sei, was denn auch leicht erklärlich ist, indem der Haß beider Partheien gegen einander geschärft und vermehrt werden mußte, da sie sich hier Auge in Auge gegenüberstanden. Es versteht sich wohl von selbst, daß jede derselben sich anstrengte, möglichst viele Bundesgenossen zu erwerben und da war es auch, wo wir Otto mit Wenzel eifrig beschäftigt finden, ihren Verbündeten, Herzog Friedrich, durch bereitwillige, thatsächliche Unterstützung noch enger an sich zu ziehen. Zu ebenderselben Zeit nämlich war dieser daran, die letzten, ihm noch trotzenden Punkte, besonders aber Wien durch Belagerung zur Unterwerfung zu zwingen[3]). Zu diesem Zwecke gieng er die vor Eger stehenden Bundesgenossen um Sendung von Truppen an und ersuchte beide, ihm so bald als möglich zu

---

[1]) S. Chron. Erford. in Böhmers Fontes II. p. 400.

[2]) Albert. Bohem. zum falschen Jahre 1240 (richtig 1239) p. 5: Post multa per mediatores Chunradus in suam sententiam traxit Thuringum Misniumque, quos cum rex Boemiae, dux Bawariae a proposito revocare non possent, Chunrado et suis multum indignati solventes treugas discessere. Magna discordia ab hujusmodi colloquio.

[3]) S. Alb. Boh. l. c.: Dux Austriae (qui) illis diebus ad obsidendam Viennam pro militibus laborabat, potebat, ut rex Boemiae ac dux Bawariae' sibi auxilio venirent. Alia parte instabat festum S. Petri, ad quod tam rex Boemiae quam etiam dux Bawariae cum sociis principibus venire debebant ad electionem novi regis, cupientes utrumque negotium finire. Decretum, ut dux Bawariae cum quatuor millibus duci Austriae subveniret, rex Boemiae cum societate principum et pleno mandato ducum Bawariae ad electionem faciendam ad indictum terminum properaret. Sperat in festo B. Petri eligi circa Poloniam in loco Lubus in regem Romanorum regem Daciae juniorem.

Hilfe zu kommen. Auf dieses Ansuchen des österreichischen Herzogs hin wurde beschlossen, daß ihm Herzog Otto mit 4000 Mann zu Hilfe ziehen sollte. Der Babenberger hatte mit seiner Bitte die beiden in Elnbogen liegenden Fürsten in große Verlegenheit versetzt, da sie sich ohnehin schon eine Aufgabe gesteckt hatten, zu deren Durchführung es wenigstens ihrer ungetheilten Kräfte bedurft hätte. Albert, der Böhme, und seine Partei hatten nämlich nichts Geringeres im Sinne, als die Wahl eines neuen Königs aus einem dem Papste treu ergebenen Hause. Man hatte geglaubt in der kurzen Zeit von der Excommunication des Kaisers bis jetzt, wo dessen Freunde sich zusammengefunden hatten, die Sache so weit zur Reife gebracht zu haben, daß man auf St. Peterstag einen Wahltag nach Lubus ansetzte, wo Abel, der Sohn des Königs von Dänemark, zum Gegenkönige Conrads erhoben werden sollte. Um so unangenehmer mochte ihnen jetzt das Drängen des österreichischen Herzogs kommen; gleichwohl unternahm es Herzog Otto, die Wichtigkeit der Bundesgenossenschaft Friedrichs wohl ermessend, die von ihm verlangte Hilfe zu leisten und übertrug an König Wenzel seine Wahlstimme. Ob er wirklich nach Oesterreich gezogen ist, wissen wir nicht, doch scheint es sehr wahrscheinlich, da er am 25. Juli[1] hart an der Gränze, in Burghausen, steht. Unterdessen war die Wahl eines Gegenkönigs für den Augenblick unmöglich geworden, da Abel auf den Rath[2] seines Vaters dieselbe nicht annahm. Es bereitete das der antikaiserlichen Partei sehr große Schwierigkeiten und Sorgen, wozu bald noch kam, daß der Böhmenkönig, ihre Hauptstütze, zum Kaiser hinüberzuneigen begann. Nichtsdestoweniger wollte man vom gefaßten Ziele nicht sogleich ablassen und die Ehre eines Gegenkönigthums noch einmal an den Mann zu bringen versuchen, wofür man nun emsig um einen Candidaten umschaute. In dieser Beziehung glaubte Albert, der Böhme, das Augenmerk auf Herzog Friedrich von Oesterreich oder seinen Schwager[3], den Landgrafen Heinrich von Thüringen, richten zu können.

Schon konnte er dem Papste berichten, daß mit ersterem Verhandlungen angeknüpft seien, freilich wisse er noch nicht, was man bei ihm vorfinden würde. Wir nehmen keinen Anstand, der Versicherung Alberts Glauben zu schenken, daß der Herzog nicht abgeneigt gewesen wäre, eine Wahl zu einem Gegenkönige anzunehmen; entspräche das doch ganz seinem Wesen, das so

---

[1] S. Böhmer Reg. d. Wittelsb. p. 18 und Reg. Boica II. p. 288.

[2] S. Albert. Boh. p. 22: Caeterum, Pater sancte! scire cupio Sanctitatem vestram, ita tamen, pie pater! ut sepultum maneat in aeternum, quod electio regis in Alamannia retardatur, quia junior rex Daciae a proposito omnino recessit, patre suo dissuadente et lapsu regis Bohemiae faciente.

[3] S. Albert. Boh. p. 22: sit tamen novus tractatus super hoc (scil. electio regis) circa ducem Austriae et filium sanctae Elizabeth (Heinricum) et quod possit apud illos inveniri, adhuc ignoramus.

gerne nach abenteuerlichen Plänen haschte und das ihn schon einmal ver=
wegen nach einer Königskrone zu langen verleitete (gegen Ungarn 1235.)
Dießmal jedoch wachte über ihn ein besseres Geschick und hielt ihn von einem
Schritte zurück, dessen Folgen nicht abzusehen waren. Um die gleiche Zeit
nämlich, da die Wahlversammlung zu Lubus ein so klägliches Ende genom=
men hatte, begannen auch des Kaisers Anhänger und dieser selbst, die regste
Thätigkeit in dem von Partheiwuth zerrissenen Deutschland zu entfalten. Die
im März zum Kaiser gereisten Reichsfürsten waren zurückgekehrt und arbeiteten
nun rüstig für sein Interesse. Vor allen andern war es der Erzbischof von
Salzburg, welcher nichts Geringeres anstrebte, als, die beiden Herzoge von
Baiern und Oesterreich mit dem Kaiser auszusöhnen; ihn unterstützten ge=
treulich die Landesbischöfe beider Länder. Zuerst wandte er sich an Herzog
Friedrich[1]. Kennen wir auch die dießbezüglich eingeleiteten Verhandlungen
nicht, so müssen wir doch annehmen, daß dem Herzoge kaiserlicherseits der
ungeschmälerte Besitzstand, wie er vor der Aechtung war, und Anerkennung
aller seiner Rechte und Privilegen zugesichert wurde. War aber das der
Fall, so war Friedrich schon gewonnen, denn was brauchte ihn dann noch
der Vertrag mit Böhmen zu kümmern, wodurch er ein schönes Stück Landes
verlieren sollte! Und wirklich waren die Dinge bald so weit gediehen, daß
sich Albert an den Papst wandte und bitter über den Erzbischof klagte. Es
dauerte auch nicht lange, daß sich Gregor (am 23. November 1239) in
einem Briefe an Eberhard wandte[2] und ihm Vorwürfe machte, weil er
den Herzog mit dem Kaiser wieder aussöhnen wolle. Er unterließ es
auch nicht, dem Herzoge selbst zu schreiben[3]; daß er gerade durch seine
Verwendung die verlorenen Länder wieder erlangt habe. Er staune über
seinen Undank, in ihn habe er seine ganze Hoffnung gesetzt. Strengstens
ermahnt er ihn bei Strafe des Bannes und Interdiktes, die Sache durch=
zuführen. Schon sah sich Gregor veranlaßt[4], ihm zu verbieten, Böhmen
oder Mähren etwas Uebles anzuhaben, mit denen die Freundschaft freilich
bald zu Ende gehen mußte, da der Herzog, glücklicheren Zuständen zurück=
gegeben und sich bereits auf kaiserliche Seite hinneigend, von der Erfüllung
des bekannten Vertrages nichts mehr wissen wollte. Was unter der Sache

---

[1] S. Albert. Boh. p. 19: Ducem Austriae paratum fuisse nuntiat, sed ab archiepiscopo
Salisburgensi et episcopis prohibitum et absolutum.

[2] S. Albert. Boh. p. 9: Miratur (papa) fratrem venerabilem E. archiepiscopum Salzburgensem, cum romanae ecclesiae honorem observare juramento adstrictus sit, ducem
Austriae reconciliare Friderico imperatori perseverare.

[3] S. das oben zitirte Schreiben Gregors in Alb. Boh. p. 9: Miratur papa ingratitudinem
ejus (Frid.) in quo omnem spem collocat, jubet eundem, admonet, rem perficiat,
aut interdicatur terra, ipse excommunicetur.

[4] Ibid: Vetat (papa) praeterea, ne quidquam Boemiae aut Moraviae mali injungat.

5*

gemeint sei, die Friedrich gemäß dem päpstlichen Auftrage zu Ende führen
sollte, darüber können wir nach dem Gesagten kaum in Zweifel sein: es war
eben die Angelegenheit der Wahl eines Gegenkönigs. Albert selbst setzte
natürlich alle Hebel in Bewegung, um den Herzog von einer Aussöhnung
mit dem Kaiser zurückzuhalten. Er unterließ es nicht, durch verschiedene Gesandtschaften[1] ihn ermahnen und warnen zu lassen; zuerst sollten es Ritter
aus dem Templer-, Johanniter- und deutschen Orden versuchen, zum zweiten
Male schickte er eine Gesandtschaft, bestehend aus einem Cistercienser-, Prämon-
stratenser- und Benediktinerabt und endlich machte er noch einen dritten Versuch
durch den Archidiakon und Dekan von Olmütz. Daß alle diese Bemühungen
Alberts erfolglos waren, bewies der Herzog noch im Laufe des Jahres 1239,
wo seine vollständige Versöhnung mit dem Kaiser stattfand. Er hatte nämlich
während dieser Zeit sich so weit zum Herrn des Landes gemacht, daß er schon
in der zweiten Hälfte dieses Jahres sich an die Belagerung Wiens wagen
konnte, dessen Bürger ihm aber eine verzweifelte Abwehr[2] entgegensetzten,
unterstützt von der Schaar des Grafen Eberstein. Von allen Seiten schloß
er die Stadt ein[3], so daß in derselben eine gewaltige Hungersnoth ausbrach,
welche sie endlich mürbe machte, so daß sie sich im Dezember an Friedrich
ergab. Nach den eigenen Worten des Kaisers[4] fiel aber seine Aussöhnung
mit dem Herzog noch in die Zeit unmittelbar vor dem Falle Wiens und wir
werden uns kaum irren, wenn wir annehmen, daß dieselbe zu Neuburg im
November stattfand, wo sich um den Herzog die bewährtesten Anhänger des
staufischen Hauses, die Bischöfe von Freising und Passau, sowie der von Seckau
versammelt hatten.[5] Wien wurde, wie es scheint, gelinde behandelt, jedoch
mußte es an Friedrich das große kaiserliche Privileg ausliefern, das er für
unwirksam erklärte und der Stadt so den Charakter und die Rechte einer
freien Reichsstadt wieder abnahm. Dafür begabte[6] er Neustadt, das ihm
stets seine Treue und Anhänglichkeit bewahrt hatte, selbst dann, »als das Reich
und fast die ganze Welt wider ihn mit starker Macht zu kämpfen schien« mit
einem ansehnlichen Privilegium, in welchem er ihm Mauthfreiheit, bedeutenden
Steuernachlaß, freie Verehlichung, Ausschließung der Juden aus öffentlichen

---

[1] S. Albert. Boh. p. 12: Hos nuntios misit (Albertus) in Austriam contra ducem u. s. w.

[2] Vergl. Contin. Sancruc. II. ad A. 1240 (richtiger 1239.)

[3] Nach Gleich, Geschichte v. Wiener-Neustadt, traf der Herzog mit seinem Belagerungs-
heere am 9. Juni 1239 vor Wien ein, p. 11. (Wir wissen nicht, woher dieses Datum.)

[4] Vergl. Huill. Bréh. VI. B. p. 524: Idem Privilegium (scil. 1237) per ducem mem.
(Frider.) postquam gratiae nostrae reformatus civitatem Wiennam de consensu et
voluntate nostra recuperavit, sublata in ea aurea bulla nostra, qua insignitum extitit,
fractum fuerit. — Vergl. auch Chron. Luneburg. bei Ecard. I. p. 1410: Darvore (vor
dem Mongolen-Einfalle) gewan de Hertoge van Osterric de Kaiseres Hulde und ward
ime Wene wider.

[5] S. Meiller Reg. d. Bab., p. 158 Nr. 46.

[6] S. Archiv f. österr. Gesch. 10. B. p. 128.

Aemtern und einen großen Markt verlieh. — Früher noch als Wien fiel,
war er mit der Unterwerfung der Ministerialen seines Herzogthums Oesterreich
fertig geworden, denn im November sehen wir ihn wieder von solchen umgeben[1]), wie vom Grafen von Harbeck, den Herrn von Himberg, Haslau u.
a. Hartnäckig scheinen sich die Adeligen und Ministerialen Steiermarks vor
der babenbergischen Herrschaft gewehrt zu haben, eine Folge des kaiserlichen
Privilegs vom Jahre 1237. Sie erscheinen erst wieder beim Herzoge[2]), nachdem auch Wien gefallen war, wie die Grafen von Pfannberg[3]), die erst der
Kaiser in Wien zu diesem Stande erhoben hatte, die Herren von Wildon,
Pettau u. s. w. die wir alle als vom Herzoge Abgefallene im Jahre 1237
am kaiserlichen Hofe getroffen haben.

So hatten sich also die Verhältnisse ganz zu Gunsten Friedrichs ge-
staltet und nun war er auch, von denselben gedrängt, ganz auf des Kaisers
Seite hinübergeführt. Aehnlich entwickelten sich die Dinge in Baiern, nur
nahmen sie dort einen langsamern Verlauf. Gleichzeitig mit den Verhandlungen,
welche mit dem österreichischen Herzoge gepflogen wurden, versuchte es Erzbischof Eberhard, auch Otto in den Pfad einer kaiserfreundlichen Politik ein-
zulenken. Dazu suchte er vor allem einen Frieden zu erzielen, der die lang-
wierigen Streitigkeiten zwischen den bairischen Landesbischöfen und ihrem
Herzoge beendigen sollte; deßhalb berief er im Einverständniß mit Otto eine
Synode[4]) derselben nach Straubing zu Anfang des Jahres 1240, wo aber
noch wegen beiderseitiger Gereiztheit[5]) kein Resultat erzielt werden konnte.
Dafür wandte sich Eberhard zu gleicher Zeit an den Kaiser, um ihn zu bewegen, selbst den Herzog an seine Pflicht zu mahnen, was derselbe auch im
Laufe des Jahres 1240 that. Allein bevor der Kaiser sich persönlich an ihn
wandte, machte Otto schon den ersten Schritt zur Anbahnung eines besseren
Verhältnisses zu demselben. Am 28. August nämlich einigten sich er und
der Bischof von Freising zu einem Friedensvertrage, in dem der erstere versprach, alle, der Freisingerkirche in den bisherigen Fehden zugefügten Schäden
wieder gut zu machen, ferner restituirte er zu gleicher Zeit allen Geistlichen
ihre Freiheiten, Rechte und Privilegien und versprach[6]) künftig nichts Un-
billiges mehr zu fordern. Dieser zu Landshut erfolgte Ausgang des freisingischen

---

[1]) S. Meiler Reg. d. Bab. p. 158, Nr. 47.

[2]) S. Meiler Reg. d. Bab. p. 159, Nr. 49.

[3]) S. Archiv f. österr. Gesch. 18. B. p. 117. Ulrich von Pfannberg wurde bald darauf
zu des Herzogs Stellvertreter für Steiermark ernannt, s. ebend. und Muchar ic. V. B. p. 167.

[4]) S. Böhmer Reg. d. Wittelsb. p. 19.

[5]) Archiepiscopus Salzburgensis concilium episcoporum et dux Bavariae curiam communi
consilio pro reformanda pace terrae apud Struobingae indixerant, sed propter discordiam episcoporum et laicorum non profecerunt. Annal. S. Rudp. Salz. ad A 1239.

[6]) S. Böhmer Reg. d. Wittelsb. p. 19.

Kirchenstreites war sicherlich die Folge des kurz vorher von Otto nach München einberufenen Landtages, zu welchem Erzbischof Eberhard nicht erscheinen konnte[1]), da er um dieselbe Zeit in Steiermark bei Herzog Friedrich sich auf- hielt, der mit ihm über die Auslieferung von Geiseln verhandelte und ihm zugleich versprach, alles zurückzuerstatten, was einige Adelige während der Kriegsdauer vom salzburgischen Besitzthume abgerissen hatten.[2])

Herzog Friedrich, bereits im Jahre 1239 ausgesöhnt mit dem Kaiser, legte noch in diesem ein deutliches Zeichen seiner kaiserfreundlichen Gesinnung dar, indem er am Weihnachtsfeste, wo er seine Versöhnung mit dem Kaiser zu Wien feierlich begieng, durch eine Urkunde[3]) dem deutschen Orden, dem engen Bundesgenossen des Kaisers höchst wichtige Rechte und Freiheiten ver- lieh, jenem Orden, durch den, wie Albert[4]) der Böhme bitter bemerkte, jetzt ganz Deutschland regiert werde. Kaum war der Vergleich mit dem Kaiser vollendete Thatsache, so erwies sich Friedrich denjenigen, welche das Zustande- kommen desselben vermittelt hatten, dankbar. So bestätigte er in Neuburg[5]) im November 1239 dem Stifte St. Peter in Salzburg das demselben von seinem Vater im Jahre 1215 ausgestellte Privilegium, dem Bischofe Heinrich von Seckau[6]), der ihm schon im Jahre 1236 zur Zeit seiner Bedrängnis wichtige Dienste zu leisten bereit gewesen war (als Gesandter beim Kaiser), wiederholte und bekräftigte er die 1234 ertheilte Bewilligung, daß herzogliche Ministerialen und andere Personen seinem Stifte unbewegliche Güter unter jedem beliebigen Rechtstitel überlassen können. Bischof Heinrich hatte sich stets als einen treuen Anhänger des Herzogs bewiesen; scheint aber trotzdem beim Kaiser wie beim Papste eine persona grata gewesen zu sein; letzterer ernannte ihn z. B. im Freisingerstreite[7]) zum Schiedsrichter; er war auch einer der wenigen, die, obwohl dem Kaiser treu, dem Bannstrahle Alberts entglen-

---

[1]) S. Eberhards Entschuldigungsschreiben bei Meiler Reg. Salzb. p. 275 Nr. 488 und Reg. d. Bab. p. 161, 162 Nr. 58, 60, vergl. Zauner, Chronik v. Salzburg, I. B. p. 25
[2]) Wir vermögen nicht, der Meinung Meilers (Reg. v. Salzb. p. 534, Anmerlg. 176) beizupflichten, als wären zwei Hoftage in Straubing gehalten worden; das Schreiben Eberhards (Nr. 488) bezieht sich nicht auf einen Hoftag in Straubing, sondern den in München, wohl denjenigen, wo die Aussöhnung zwischen Otto und Bischof Conrad an- gebahnt wurde, daher fällt essenbar der in den Annal. S Rudp. Salisb. ad A. 1239 und in der Urkunde in den Reg. d. Wittelsb. (Mon. Boica IV., 440) erwähnte Hoftag in _ten einen 1240 gehaltenen zusammen; wir müßten dann zwei Hoftage zu Straubing und noch einen zu München annehmen, wofür aber kein Grund vorhanden ist.
[3]) S. Meiler Reg. b. Bab. p. 159 Nr. 50.
[4]) Alb. Boh. p. 14: ... fratribus domus (Teut.) quorum consilio et quorundam aliorum imperium nunc gubernatur.
[5]) S. Meiler Reg. d. Bab. p. 158 Nr. 46.
[6]) S. Meiler Reg. d. Bab. p. 159 Nr. 49.
[7]) Vgl. Alb. Boh. p. 6, Schirrmacher III. B. p. 105.

gen. Alberts Versuche, den Herzog Friedrich bei der gegen den Kaiser gerichteten Coalition zu erhalten, waren gescheitert, seine Gesandtschaften, welche
er von Böhmen aus, wohin er sich wahrscheinlich schon in der zweiten Hälfte
des Jahres 1239 begeben hatte, an den Herzog schickte, richteten nichts aus.
Doch noch einmal wollte er es versuchen und sandte[1]) den Predigermönch
Otto von Friesach an ihn mit der Aufforderung, den mit Böhmen bezüglich
seiner Nichte Gertrud abgeschlossenen Ehevertrag auszuführen. Da auch dieß
umsonst war und er die Fruchtlosigkeit seiner Bemühungen einsehen konnte,
so setzte er noch einen achttägigen Termin, innerhalb welchem, der Herzog
umkehren sollte, geschähe dieß nicht, so war allen Klerikern von Aquileja,
Salzburg, Passau, Olmütz, Gurk, Lavant und Seckau der Befehl ertheilt,
ihn zu excommuniciren, widrigenfalls sie selbst dem Banne verfielen. Von Prag
aus befahl er endlich dem Bischofe zu Worms, die Excommunication des
Kaisers, des thüringischen Landgrafen, des Markgrafen von Meißen, der
Erzbischöfe von Mainz und Salzburg, der Bischöfe von Regensburg und
Freising und auch des Herzogs Friedrich von Oesterreich zu verkünden. Am
5. September (1240) berichtete er die Bannung der genannten Reichsfürsten
nach Rom, zu denen noch der Bischof von Passau hinzukam. In diesem
Schreiben wird uns bestätiget, daß es vor allen der Erzbischof Eberhard und
nach diesem die andern genannten Bischöfe waren, welche den Herzog auf
die Seite des Kaisers herüberzogen und ihn, als er dem Bannfluche Alberts
verfallen war, von demselben lossprachen und das Interdikt[2]), unter dem die
die Herzogthümer schmachten sollten, aufhoben.

Außer diesen Fürsten war es noch einer, der dem Archidiakon besondere
Sorgen bereitete, gegen den er aber nicht so streng aufzutreten wagte, nämlich der König von Böhmen. Schon auf der Versammlung zu Lubus empfing
derselbe kaiserliche Gesandte bei sich und bewies bald, daß er mit der Parthei
Alberts nichts mehr zu schaffen haben wollte. Herzog Otto war zwar eilends
persönlich zum Könige gereist, hatte aber mit Hilfe böhmischer Barone nur
so viel erwirkt, daß ein förmliches Bündniß mit dem Kaiser noch nicht abgeschlossen wurde[3]).

---

[1]) Alb. Boh. p. 6: Ottoni de Frisaco ordinis praedicatorum mandat, Fridericum ducem
Austriae moneat, matrimonium compleat absque omni mora; minas addit. XI. cal. Jan.

[2]) S. Alb. Boh. p. 19: Ducem Austriae paratum fuisse nuntiat, sed ab archiepiscopo
Salisburgensi et episcopis prohibitum et absolutum. Interdictum relaxant, veterem
conspirationem renovant datis obsidibus. (Waren vielleicht diese Geißeln gemeint,
wegen deren Eberhard mit Friedrich 1240 in Steiermark unterhandelte? s. Meiler
Reg. Salzb. p. 275 Nr. 488.)

[3]) S. Albert. Boh. p. 14: . . . quod Rex Boemiae vel potius Blasphemiae inconsultis
omnibus suis amicis, baronibus minime requisitis, nuntios Friderici haeretici et reguli
filii sui receperit, novam inierit cum ipsis amicitiam et conspirationem confirmavit
exclusis consanguineis et amicis u. s. w.

Albert ſetzte alles in Bewegung, um den König von dieſem Entſchluſſe, den er auf Betreiben des Landgrafen von Thüringen, der Markgrafen von Brandenburg, des Herzogs von Brabant und der Deutſchordensritter gefaßt hatte, zurückzubringen. Dem Papſte rieth[1] er, an Wenzel in aller Milde zu ſchreiben und ihn zur Ausdauer bei ſeiner Sache zu bewegen, ebenſo möge er ſich an die böhmiſchen Großen und, was am nächſten gelegen war, an Wenzels Schweſter Agnes wenden, deren Einfluß auch er zu würdigen wußte. Wie nichtig aber ſeine Verſuche waren, zeigte ſchon die nächſte Zeit; bereits am Beginne des Jahres 1240 ſah ſich Herzog Otto ſelbſt veranlaßt, an den Papſt zu berichten, daß die Schaar der Getreuen gar ſehr geſchwunden ſei[2] und daß er den König von Böhmen nicht mehr zu halten vermocht habe. Aber nicht nur den Abfall von Böhmen und Oeſterreich hatte der Archidiakon zu beklagen, ſondern ein ſchon bedenkliches Schwanken ſeines treueſten Freundes, des Herzogs Otto, zeigte ihm deutlich genug, daß ſeine Sache bald keinen Boden mehr da finden werde, wo ſie ſich eine Zeit lang ſo üppig zu entfalten ſchien. Wie ſehr die Ausſöhnung Otto's mit Conrad von Freiſing ſeinem Plane ſchon zuwiderlief, zeigt der Ton ſeines Briefes, den er darüber an den Papſt richtete. Mit klugem Blicke erkannte er in dieſem Friedensſchluſſe einen Triumph der kaiſerlichen Sache. Es dauerte nicht mehr lange, ſo ſah er ſich genötiget, den Papſt anzugehen[3]. daß er ſelbſt dem Herzoge ſchreibe, er möge das Geſchehene feierlich widerrufen, und ihm drohe, ſein ganzes Land dem kirchlichen Interdikte zu unterwerfen, »beſtärket ihn« ſchreibt er, »daß er mit größerer Macht zum Dienſte der römiſchen Kirche thätig ſei, als er bis jetzt geweſen, befehlet ihm ſtreng, ja ſehr ſtreng, daß er euch in allen euern Angelegenheiten unterſtütze und vertheidige nach ſeinem ganzen Vermögen, und mir nicht hinderlich ſei, ſondern mich mehr beſtärke zum größern Gedeihen der kirchlichen Sache gemäß dem mir von euch gewordenen Auftrage«. Aventin erzählt[4] unter anderm, daß ein Brief Alberts an den Papſt aufgefangen worden ſei, in welchem er ſich über den Wankelmuth und die Fahrläſſigkeit Otto's beklagt habe. Dieſes Schreiben ſei in die Hände des Erzbiſchofes von Salzburg gefallen, der es alſogleich ausnützte; er habe nämlich eine Verſammlung der bairiſchen Biſchöfe nach Regensburg berufen, auch den Herzog dazu eingeladen und den Verſammelten dieſen Brief vorgelegt, wodurch er Alberts Ausweiſung aus der Umgebung Otto's bewirkte. Dieſe Erzählung Aventins wird durch das Zuſammentreffen verſchiedener Um-

[1] Ebendaſ. l. c.

[2] S. Albert. Boh. p. 26: Otto dux Gregorio papae: In negotio, quod pauci gerimus vobiscum u. ſ. w.

[3] S. Alb. Boh. p. 22, 23: Dominum ducem Bawariae ad plenum composuisse u. ſ. w., und ein anderes Schreiben ebendaſ. p. 19, 20.

[4] S. Alb. Boh. p. 46 und Aventin. Annal. (Ausgabe 1553) Lib. VII. p. 683.

ftände beglaubigt. Das erwähnte Schreiben hat das Datum vom 5. September 1240. Eberhard hielt sich bekanntlich seit dem Sommer dieses Jahres
in Steiermark bei Friedrich auf, kehrte aber plötzlich auf kurze Zeit nach
Baiern zurück und traf im Oktober in Regensburg[1]) zu Herzog Otto, wo sich
auch der dortige Bischof Sigfrid einfand. Kam daselbst überhaupt auf die von
Aventin erzählte Weise ein Schreiben Alberts in Verhandlung, so war es
jedenfalls das oben besprochene.

Zu gleicher Zeit aber wandte sich auch der Kaiser an Otto und
mahnte ihn ernstlich an den ihm schuldigen Gehorsam. Er sei, schreibt[2]) er,
durch Briefe des Erzbischofes von Salzburg und des Herzoges Friedrich von
Oesterreich benachrichtigt worden, daß ein gewisser Priester Albert, unter der
Autorität Gregors, genannt Papst, gegen ihn Schmähungen verbreite und
daß dieser sich in seinen (Otto's) Städten und Burgen aufhalte. Wie ver-
brecherisch das sei, könne er sicherlich ermessen. Denjenigen möge der Tod er-
eilen, der seines Herrschers flucht. Ihn und seinen Großvater habe er und
sein Großvater aus der Niedrigkeit zum höchsten Gipfel erhoben, auf die
gleiche Art könne auch wieder einer, der sich gegen die Majestät vergangen
hat, verstoßen werden. — Das war doch deutlich genug gesprochen; alles
zusammen: der Einfluß der Landesbischöfe und des Erzbischofes Eberhard, die
strenge Warnung des Kaisers, endlich Alberts eigene Maßlosigkeit bewogen
den Herzog auf die Seite des Kaisers zu treten, so daß der ganze Südosten
des Reiches in der ersten Hälfte des Jahres 1241[3]) für der Kaiser gewonnen
war. Alberts Thätigkeit wandte sich jetzt dem Westen des Reiches zu, wo
ihr durch den Abfall des Reichsverwesers[4]) vom Kaiser bald wieder ein weites
Feld eröffnet wurde.

Wie wir aus dem Schreiben des Kaisers an Herzog Otto erfahren,
stand Friedrich von Oesterreich mit ihm in direktem schriftlichem Verkehre,
also auf einem wirklich freundschaftlichen Fuße. Das bestätigt uns auch ein
kaiserlicher Brief[5]) an ihn vom Ende Juni 1240, der schon auf den ersten
Blick zeigt, wie sehr der Kaiser jetzt dem Herzoge, wenigstens scheinbar, ge-

---

[1]) S. Meiler Reg. v. Salzburg p. 276 Nr. 492 und Böhmer Reg. d. Wittelsb. p. 19.

[2]) S. Böhmer Reg. Frid. p. 187 Nr. 998, Huill. Bréh. V. B. p. 1048, Alb. Boh. p. 28
und 43, Aventin Annal. L. VII. p. 677.

[3]) Daß der Herzog von Baiern schon Anfangs 1241 zum Kaiser übergegangen ist, beweist, daß Albert sich bereits im Mai dieses Jahres als Verstoßenen nennt (Alb. Boh.
p. 30: Gregorio conqueritur u. s. w.) Daher fallen auch die Briefe Otto's an den
Papst (Alb. Boh p. 27) in's Jahr 1240, nicht 1241. Vergl. Böhmer, Reichssachen
p. 387 Nr. 145.

[4]) S. Schirrmacher ꝛc. IV. B. p. 8 u. fgd.

[5]) Bei Huill. Bréh. V. B. p. 1005.

wogen war. Der Brief scheint als Antwort zu dienen auf eine Gesandtschaft, die der Herzog an ihn abgeschickt hatte. »Als Zeichen deiner Aufrichtigkeit«, heißt es darin unter anderm, »hast du zwei edle Männer an uns beschieden, durch die du uns, als auch durch deine Briefe die Unverbrüchlichkeit deiner Ergebenheit und festen Treue dargethan und deine Unschuld bezüglich desjenigen, was die lügnerische Fama zu deiner Schmach über dich des weitern verbreitet hat, durch die Beweise deiner unerschütterlichen Anhänglichkeit, welche keine Sinnesveränderung gegen uns zuläßt, dargelegt hast. Welche aufrichtige Zuneigung wir immer gegen dich gehegt haben und auch jetzt hegen wollen, beweist offenbar unsere Vertraulichkeit; während wir nach dem Tode deines Vaters seligen Andenkens dich an Sohnesstatt annahmen und mit väterlicher Liebe pflegten und gemäß deinem eigenen Zeugnisse nichts für dich unterließen, was dem Wachsthume deiner Ehre und Hoheit zu Gute kommen konnte, so wurde uns von dir die feste Ueberzeugung, daß wir dich für die Wohlthaten unserer Gnade als einen würdigen Nachfolger der Anhänglichkeit und Treue deines Vaters halten dürfen. Und als die Uebertreibung deines Vergehens und böswillige Einflüsterung gewisser Leute unser Gemüth gegen dich aufgereizt hatte, wie dir bekannt sein wird, und als wir zur Hemmung deiner jugendlichen Regungen, welche der Uebermuth deines Alters zu heftig zum Ungebührlichen antrieb, gegen dich einschreiten mußten, so konnten wir doch nicht im Eifer väterlicher Zurechtweisung gegen dich der Milde vergessen und erinnerten uns mitten im Unmuthe, Gnade walten zu lassen, so daß wir dich nicht nach dem Begehren vieler bestraften, was dir, wie wir versichert sind, bekannt sein wird. Zudem bearbeitete man uns auf der andern Seite zudringlich, daß wir gegen dich und zur endgültigen richterlichen Entscheidung über deine Person, Ehre und Länder nach dem Rathe der Fürsten vorgehen sollten, aber wir haben ihre Bemühungen ausgeschlagen und dich in unserer Vorsorge zu unserem und des Reiches Dienste erhalten; wir waren nicht gewillt, einen so ausgezeichneten Fürsten zum Schaden des Reiches, durch die Trennung eines so edeln Gliedes desselben, aus dem Verbande und der Zahl der Fürsten zu scheiden. Nun aber, da du in der Blüthe des Alters stehst und bei den schönsten Jahren deines Jugendlebens angelangt bist, glauben wir darauf unser Augenmerk richten zu müssen, daß du durch ununterbrochene Treue und Ritterlichkeit unserer Lobeserhebungen würdig bei Nah und Fern erhoben werdest«.

Welch' ein Contrast zwischen diesem Briefe und dem an den Böhmenkönig vom Jahre 1236. Es ist nicht anzunehmen, daß über Herzog Friedrich eine so gewissenhafte Untersuchung wäre gehalten worden, daß der Kaiser in Folge derselben an ihn hätte schreiben können, jene Anklagen seien nur von einem feindlichen Gerüchte ausgestreut worden, im Gegentheile hatte er damals alle Verbrechen, die er ihm vorwarf, bereits als unbestrittene Thatsachen hingestellt. Es geht nicht an, einem der beiden sich gänzlich widersprechenden Schreiben unbedingte Glaubwürdigkeit beizumessen, da sie eben nur von der Politik diktirt waren, welche um Anschuldigungen und schöne Worte gleich wenig verlegen ist. Im Jahre 1236 handelte es sich darum, den Herzog in möglichst schwarzem Lichte darzustellen, um ihm recht viele Feinde zu erwecken; jetzt hatte sich das Blatt gewendet: dem Kaiser war sehr daran gelegen, ihn »der weder Gott fürchtet noch einen irdischen Herrscher anerkennt«, zu seinem Bundesgenossen und Freunde zu machen. Geradezu komisch im Lichte der Thatsachen erscheinen die Worte, welche von der Gnade handeln, deren sich der Herzog vom Kaiser stets zu erfreuen gehabt habe. Es mag hinlänglich dargethan sein, daß dieser bei seinem Aufenthalte in den österreichischen Landen nichts Geringeres im Auge hatte, als die Einziehung der beiden Herzogthümer an das Reichsgut und damit indirekt an sein Haus und es kann nach dem Vorliegenden kein Zweifel obwalten, daß der Kaiser von diesem seinem Entschlusse nicht mehr zurückgestanden wäre, wenn demselben das Waffenglück seiner und des Reiches Truppen in Oesterreich, sowie die politische Constellation im Südosten und Zentrum des Reiches günstig gewesen wäre. Ein solches Schreiben würde auch bei Friedrich wenig oder nichts ausgerichtet haben, hätten nicht auch ihn andere Verhältnisse, die wir bereits kennen gelernt haben, bewogen, sich mehr und mehr an den Kaiser anzuschließen und dessen Verbündeter zu werden.

Herzog Friedrich begab sich nach der Weihnachtsfeier im Laufe des Januars[1]) nach Wels, wo er dem Kloster Kremsmünster zwei Urkunden ausstellte; in einer derselben bezeugt er, daß Heinrich von Grafenstein freiwillig auf die Vogtei über einige Güter des Klosters entsagt habe, in der anderen schenkt er dem Convente drei Mansen in Grafenberg. Ende Jänners treffen wir ihn in Krems[2]), wo er dem Kloster Waldhausen das Privilegium ertheilte, daß keiner seiner Richter in Machland und in seiner Stadt La von den Besitzungen, die dort das Kloster habe, Abgaben oder Steuern nehmen dürfe. Also jetzt schon erklärte er, wenigstens indirekt seinen mit Böhmen 1238 abgeschlossenen Vertrag für ungültig, indem er die Stadt La[3]), die nach demselben an Böhmen fallen sollte zur Bürgschaft für die Einhaltung der übrigen Versprechungen, als sein Eigenthum behandelte und darstellte.

---

[1]) S. Meiller Reg. d. Bab. p. 159, 160 Nr. 51, 52.

[2]) S. Meiller Reg. d. Bab. p. 160, Nr. 53.

[3]) Vergl. Contin. Sancruc. II.: Cum esset ipse dux fere exclusus a potestate ducatus sui, quaesivit consilium et auxilium regis Boemiae promittens ei totam terram ultra Danubium se daturum, si restitueretur honori suo. Quod ipse rex satis competenter in quantum licuit et potuit, offensam imperatoris vilipendit; insuper La civitatem habuit in potestate sua.

In Krems[1]) beschenkte er auch das Kloster Wilhering mit der Pfarre
Grammastetten. Im Februar stellte er auf seiner Burg Starkenberg dem
Kloster Zwettl eine Urkunde aus, worin er ihm das Obereigenthum über das
Gut Rabenreute verlieh. Bei dieser Gelegenheit finden wir wieder den Anselm
von Justingen in des Herzogs Umgebung, woraus wir wohl mit Recht schließen
können, daß auch für diesen Ende 1239 oder Anfangs 1240 die Stunde der
Begnadigung des Kaisers geschlagen habe. Im März begab sich Friedrich
in den nördlichen Theil seines Herzogthumes Oesterreich, wo er zu La[2]) dem
Kloster Seitenstetten ein Privilegium ausstellte, worauf wir ihn am 27. März
zu Klosterneuburg[3]) treffen, dem er eine von seinem Vater gemachte Schenkung
bestätigte. Wir sehen ihn also ganz dieselben Mittel gebrauchen, um sich wieder
in Gunst zu setzen, die der Kaiser bei seinem Aufenthalte in Wien zu eben-
demselben Zwecke angewandt hatte, denn jetzt sind es gerade die von jenem
mit Begünstigungen versehenen Klöster, denen er Urkunden und Privilegien
verleiht. Bald darauf in den folgenden Sommermonaten dieses Jahres unternahm Friedrich in Begleitung des Erzbischofes Eberhard und der Bischöfe von Passau
und Seckau[4]) eine Rundreise durch Steiermark, welche zweifelsohne zur Pazi-
ficirung dieses Landes, das sich am längsten einer Unterwerfung widersetzt
hatte, dienen sollte. Bei dieser Gelegenheit nahm er seine Gemahlin, die im
Jahre 1236 in kaiserliche Gefangenschaft gerathen war, unter großen Feierlichkeiten wieder zu sich[5]), wobei auch deren Verwandter, der Patriarch von
Aquileja zugegen war.

Während der Anwesenheit der genannten Kirchenfürsten an seinem Hofe
wurden mehrere Angelegenheiten derselben in den herzoglichen Ländern zum
Austrage gebracht. Eberhard von Salzburg hatte es sich unter anderm zur
Aufgabe gestellt, die Besitzungen seiner Kirche vom Lehensverbande frei zu
machen. Mit den unmittelbaren Lehensherren wie z. B. mit den Grafen von
Ortenburg war es ihm bereits gelungen[6]), bedeutend schwerer scheint er mit
den Afterlehensleuten gethan zu haben. Ein solcher war Reimbert von Mureck
der II., der 1240 starb und keine männlichen Erben hinterließ, da sein einziger
Sohn Reimbert der III. schon 1236 mit Tod abgegangen war. Er hatte eine
Tochter Hartnids des II. von Ort zur Gemahlin gehabt, wodurch beide Häuser,
die der Ort und Mureck in nahe Verwandtschaft zu einander getreten waren:

[1]) S. Meiler Reg. d. Bab. p. 160 Nr. 55.
[2]) S. Meiler Reg. d. Bab. p. 161 Nr. 56.
[3]) S. Meiler Reg. d. Bab. p. 161 Nr. 57.
[4]) Diese erscheinen theils einzeln, theils miteinander in den Urkunden bei Meiler Reg. d.
    Bab. p. 161—163 Nr. 58—65.
[5]) S. Annal. S. Rudb. Salisb. ad A. 1240: Dux Austriae praesentibus patriarcha Aqui-
    legiensi, archiepiscopo Salisburgensi, Pataviensi et Secovensi episcopis conjugem
    suam cum magno recepit tripudio.
[6]) S. Meiler Reg. v. Salzb. p. 557 Anmerkg. 183.

Nach seinem Tode machte daher der Enkel Hartnids des II. gleichen Namens Ansprüche auf die von Reimbert besessenen Afterlehen des Erzstiftes Salzburg. Der Erzbischof suchte nun gegen diesen Hartnid den IV., einen höchst streit- und fehdesüchtigen Ritter, eine enge Verbindung mit Herzog Friedrich[1]) und wußte sie sich, wie sich bald zeigte, auch zu gewinnen. Wie wichtig dem Erzbischofe diese Angelegenheit war, beweist, daß er derselben sogar sein Erscheinen auf dem schon oben erwähnten Hoftage von München nachsetzte, auf dem es sich doch, wie bemerkt, um nichts Geringeres gehandelt zu haben scheint, als um die von ihm schon lange betriebene Aus- söhnung der bairischen Landesbischöfe mit Herzog Otto. Einen andern Gegen- stand der Verhandlungen zwischen Eberhard und Friedrich bildete die Freilassung von Geiseln, worüber uns jedoch jede weitere Nachricht fehlt. Der Aufenthalt Rüdigers, Bischofs von Passau, scheint eine formelle Aussöhnung mit dem Herzoge bezweckt zu haben, obwohl sich beide schon seit 1237 nicht mehr als Feinde gegenüber standen. Am 13. Juli verpflichtete sich nämlich Friedrich zu Grätz[2]) im Beisein Eberhards von Salzburg und Heinrichs von Seckau, sowie der Grafen von Harbeck und Ortenburg, den Bischof mit allen seinen Leuten, Besitzungen und Rechten in seinen besondern Schutz zu nehmen und gegen Jedermann mit seiner ganzen Macht zu vertheidigen, nachdem sie voll- ständig ausgesöhnt, Friede und Freundschaft mit einander geschlossen hatten. Ferner bestätigte er im September[3]) dem Kloster St. Nikolaus zu Passau für seine Lebensmittel die Mauthfreiheit zu Wasser und zu Land. Aber auch der Erzbischof Eberhard und Bischof Heinrich erhielten während ihres Aufenthaltes in der Umgebung des Herzogs verschiedene Beweise seiner Gunst. So ver- lieh derselbe dem Salzburger Domkapitel[4]) dem er »durch die verschiedenen, vielen empfangenen Wohlthaten verpflichtet sei«, die Freiheit, Wein und andere Lebensmittel, die sie durch Oesterreich zu führen gewohnt waren, unter voll- ständiger Mauthfreiheit zu Wasser und zu Lande zu transportiren. Mit diesem Akte wollte Friedrich jedenfalls dem Stifte Salzburg jenen Schaden vergüten, den er ihm in den Jahren 1235 und 1256 durch die Landessperre[5]) beigebracht hatte. Dem Bischofe Heinrich »seinem ergebenen Freunde« schenkte er eine Tochter eines seiner Leute mit ihren Nachkommen und bestätigte die durch einen Schiedsrichterspruch zu Heinrichs Gunsten erfolgte Beilegung[6]) eines Zwistes desselben mit Wulfing von Stubenberg und besiegelte eine von Hein-

---

[1]) S. Alb. Boh. p. 24 den schon erwähnten Brief Eberhards an Otto.
[2]) S. Meiler Reg. d Bab. p. 161 Nr. 58.
[3]) S. Meiler Reg. v. Bab. p. 163 Nr. 65.
[4]) S. Meiler Reg. d. Bab. p. 162 Nr. 62.
[5]) Vergl. die früher zitirirte Stelle der Annal. S. Rudp. Saliab. ad A. 1255.
[6]) S. Chmel, Notizenblatt, 1856 p. 321.

rich von Grafenstein für das Stift Seckau[1]) ausgestellte Schenkungsurkunde. Auch für die Landesklöster stellte er um diese Zeit wieder mehrere bedeutende Privilegien aus: dem Kloster Garsten[2]) bestätigte er, daß es keinem andern Vogte unterstehen soll, als dem jeweiligen Herzoge von Oesterreich, das Kloster Viktring in Kärnthen[3]) nahm er in seinen Schutz, ohne dafür das Recht der Vogtei zu beanspruchen, ähnlicher Gunstbezeugungen erfreuten sich die Klöster Raitenhaslach[4]), Maria-Zell, Reichersberg und Prüsling. Ende dieses Jahres erfuhr auch der Bischof Conrad von Freising einen Beweis herzoglicher Freundschaft, indem ihm Friedrich beurkundete[5]), daß er in Erwägung seiner Verdienste die Advokatie in Enzersdorf wieder eingelöst habe.

Um diese Zeit war es, da der Sänger Ulrich von Lichtenstein[6]) seinen Artuszug antrat und auf demselben in Neustadt mit dem Herzoge zusammentraf. Große Turniere schaarten die Ritter zusammen, so z. B. zu Katzelsdorf, wo sich Radold Waise, die Brüder Preußel und Heinrich von Habesbach, herzogliche Ministerialen, hervorthaten. Auch Friedrich, mit Ulrich persönlich befreundet, betheiligte sich an diesen ritterlichen Uebungen. Der wandernde Sänger wollte sich nach der Veste Krumau begeben, welche an der böhmischen Gränze lag; Friedrich aber hielt ihn zurück und warnte ihn, da er die Besorgnis hegte, es möchte ihn der böhmische König, mit dem er bereits wieder offen in Feindschaft lebte, als einen seiner Freunde, in Gefangenschaft zurückbehalten.

In dem Grade nämlich, als sich des Herzogs Verhältnis zum Kaiser in's Bessere wandte, verschlimmerten sich seine Beziehungen zu Böhmen. Hatte er im Jahre 1258 bei seiner gänzlichen . Isolirung mit offenen Armen nach einer Bundesgenossenschaft mit König Wenzel gegriffen und hatte er derselben auch manche nicht geringe Opfer gebracht, so standen eben jetzt die Dinge ganz anders. Wie er gegenwärtig zum Kaiser sich verhielt, so brauchte er nicht auf die Erfüllung eines Vertrages mit Böhmen zu achten, wenn er nicht der Stimme des Rechtes horchte; ja es liegt, wie schon einmal erwähnt, die Annahme sehr nahe, daß der Kaiser, um den Herzog desto mehr auf seine Seite zu bringen, seine gegen Böhmen übernommenen Verpflichtungen förmlich annullirt habe. Daß es ihm schon früher mit der Erfüllung der an Wenzel gemachten Zugeständnisse nicht Ernst war, dafür geben die Ermahnungen und Drohungen des Passauer-Erzdiakons[7]) genügend Zeugnis. Durch ein

---

[1]) S. Meiler Reg. b. Bab. p. 162, 163 Nr. 59, 60, 61.
[2]) S. Meiler Reg. b. Bab. p. 162 Nr. 61.
[3]) S. Meiler Reg. b. Bab. p. 163 Nr. 63.
[4]) S. Meiler Reg. b. Bab. p. 163 Nr. 66 u. flgd.
[5]) S. Meiler Reg. b. Bab. p. 164 Nr. 72.
[6]) Vergl. Falke, Gesch. d. fürstl. Hauses Lichtenstein p. 94, s. Ulrich von Lichtenstein „Frauendienst" das Gedicht: Ein ûzreise diu ander. p. 456 u. flgd.
[7]) S. Albert. Boh. p. 8, 12.

solches Verhalten aber machte er sich Böhmen wieder zum erbitterten Feinde. Da er trotz des Drängens des Königs die Erfüllung der Vertragspunkte ver- weigerte[1]), denselben sogar direkt entgegenhandelte, indem er das vergebene La, wie es heißt, auf Drängen und Bitten der Einwohner wieder besetzt hatte, so kam es noch im Jahre 1240 zum Ausbruche eines neuen blutigen Konfliktes[2]).

Die böhmischen Schaaren fielen ins Land nördlich der Donau ein und begannen daselbst nach Kriegsgebrauch mit Feuer und Schwert zu hausen. Allein die vorgerückte kalte Jahreszeit[3]) ließ es zu weitern Kämpfen nicht kommen und zwang Wenzel, mit seinen Truppen zurückzukehren. Die beiden streitenden Fürsten einigten sich dahin, daß Friedrich von Neuem versprach, seine Nichte Gertrud an Wenzels Sohn Wladislaus zu vermählen[4]), während von der Abtretung eines Landestheiles nicht mehr die Rede gewesen zu sein scheint. Dieser Friede würde freilich nicht allzulange gedauert haben, wäre nicht von Osten her ein Sturm herangezogen, der die gegen einander feind- lichen Elemente zu einer augenblicklichen Einigung nötigte.

---

[1]) Contin. Sancruc. II. ad A. 1241, gibt ausdrücklich diesen Grund an. Wir geben hier die ganze Stelle nochmals im Zusammenhange: Inter regem Boemiae et ducem Austriae discordia satis intricata exorta est et haec fuit causa: Cum esset dux fere exclusus a potestate ducatus sui, quaesivit consilium et auxilium regis, promittens ei totam terram ultra Danubium se daturum, si restitueretur honori suo. Quod ipse rex satis competenter in quantum licuit et potuit, offensam imperatoris vilipendit; insuper La civitatem habuit in potestate sua. Deinde esset dux restitutus honori suo, per ora- tiones monachorum et clericorum ac mulierum, ut creditur, quos ante minus dilexerat. His peractis quaesivit rex a duce id, quod promiserat, sed ipse dissimulabat, promissa persolvere, propter quod ex utraque parte satis dura contentio exorta est per ra- pinam et incendium et vastationem.

[2]) Daß wir für denselben nicht die von Contin. Sancruc. gegebene Jahreszahl 1241 bei- behalten, dazu bestimmt uns Folgendes: Nach dem März 1241 konnte der Kriegszug Wenzels nicht gewesen sein, da um diese Zeit schon ein Feind vor der Thüre stand, der allen diesen im Verhältnisse zu ihm kleinlichen Fehden und selbstsüchtigen Er- oberungsplänen auf eine Zeitlang ein Ende machte, nämlich die Tartaren. Aus den uns erhaltenen Urkunden aus dieser Zeit haben wir ein verhältnismäßig ziemlich ge- naues Itinerar (s. Meiler Reg. d. Bab. p. 164—166 Nr. 69—78) des Herzogs. Nach diesem ergibt sich, daß in dem Zeitraume vom Oktober 1240 bis März 1241 eine einzige bedeutende Lücke ist, in welche ein Feldzug fallen könnte, den Friedrich gegen die heranziehenden Böhmen unternahm, und diese Zeit ist vom 15. Oktober bis 29. Dezember.

[3]) Contin. Sancruc. II. ad A. 1241: sed propter imminens frigus et clamorem pauperum reversus est (rex Boemiae) ad propria.

[4]) Den Frieden scheint der Passauer Bischof vermittelt zu haben. Hansitz Germ. II. B. p. 541: Bohemus cum Austriaco per Rudigerum Pataviensem conciliatus mense Martio 1241. Zu Anfang Februar befand sich Rüdiger wirklich in Oesterreich, siehe Archiv f. öst. Gesch. 24. Bd. p. 45.

Schon am Beginne des 13. Jahrhunderts fing ein unruhiges Leben, ein Trieb nach Ausbreitung und Eroberung so mancher Stämme von Mittel- und Hochasien an sich bemerkbar zu machen. Bald vereinigten sie sich zu einem mächtigen Heere, dessen wilder Tapferkeit gegenüber jeder Widerstand erfolglos blieb. Nachdem sie, Mongolen oder Tartaren genannt, die Kumanen, welche sich mit den ostrussischen Theilfürsten verbunden, 1224 geschlagen hatten, drangen sie in das ihnen nun offenstehende Rußland. Nochmals kehrten sie um und brachten auf ihrem Zuge gegen Osten das nordchinesische Reich unter ihre Herrschaft; allein bald wandte sich Batu, der Neffe ihres Großchans, im Jahre 1235, wieder gegen Westen und hatte bereits im zweiten Jahre Moskau in seinen Händen. 1238 wagten es die Kumanen nochmals, sich den andringenden Feinden entgegenzustellen, wurden aber zum zweiten Male geschlagen und gezwungen, in der Flucht ihre Rettung zu suchen. Ihr Weg führte sie[1] an die Gränze Ungarns, dessen König Bela von ihnen gebeten wurde, sie in sein Land aufzunehmen, wogegen sie Anerkennung seiner Ober-herrschaft und Bekehrung zum Christenthume versprachen. Bela gestattete ihnen die Niederlassung in den weiten Steppen seines Landes und erhielt von ihnen Kunde der auch ihn bedrohenden Gefahr. Gegen Ende des Jahres 1240 gelang es den Mongolen, die alte Hauptstadt Rußlands, Kiew, zu erobern und nun standen sie wirklich schon hart an den Thoren des ungarischen König-reiches. Jetzt verbreitete sich schnell die Nachricht der großen Gefahr durch alle Höfe des östlichen Europa. Schon am Anfange des Jahres 1241 mag Herzog Friedrich die Botschaft davon bekommen haben. Nach einem anfäng-lichen Aufenthalte in Unterösterreich brach er nach Passau auf, wo er Ende Februar eintraf. Ist uns auch der Beweggrund seiner Reise nirgends an-gegeben, so können wir doch darüber kaum in Zweifel sein, daß es die dro-hende Mongolengefahr war, die ihn antrieb, sich darüber mit seinen Bundes-genossen und Freunden zu besprechen, die wir auch, wie den Bischof von Freising und den von Seckau[2] bei ihm in Passau versammelt finden. Friedrich war es nicht allein, der Anstalten gegen das herannahende Unwetter zu treffen begann, sondern auch andere, wie Heinrich, Landgraf[3] von Thüringen, wandten sich deshalb bereits an entferntere Fürsten. Der Herzog blieb bis gegen die Mitte März bei Rüdiger, dem er während dieser Zeit einen Lehens-revers[4] über Güter ausstellte, die er von der Passauerkirche zu Lehen trage, woraus folgt, daß die vom Kaiser im Jahre 1237 darüber ausgestellte Ur-

---

[1] Vergl. M. Rogerii Carmen miserabile ed. Endlicher p. 257.

[2] S. Meiller Reg. d. Bab. p. 165 Nr. 76—81, auch der bair. Pfalzgraf Rapoto war anwesend. Arch. f. öst. Gesch. 24. B. p. 45.

[3] S. Erben Reg. Boem. p. 472 Nr. 1017.

[4] S. Meiller Reg. d Bab. p. 166 Nr. 81, der Revers steht wörtlich bei Buchinger Gesch. v. Passau, II. B. p. 508.

tunde ihre Gültigkeit zu Gunsten des Herzogs verloren hatte, was bei der Aussöhnung desselben mit dem Kaiser geschehen sein wird. Unterdessen rückte der Sturm vom Osten her immer näher. In der zweiten Hälfte des Monates März überschritten die Mongolen, in zahllosen Schaaren sich dahinwälzend, die Gränzen Ungarns, nachdem sie am 12. März das Heer des Palatins[1]), der ihnen den Eintritt durch einen Engpaß wehren wollte, geschlagen hatten. Wenige Tage vergiengen und sie standen schon mitten in Bela's Lande. Derselbe hatte es nicht unterlassen, seine Unterthanen zu den Waffen zu rufen, natürlich auch die Kumanen. Allein gar bald sah er ein, daß dieß alles ganz ungenügend wäre und suchte daher nach Bundesgenossen. Was war näher liegend, als daß er vorerst seine Nachbarn, die am meisten bedroht waren, zur Hilfeleistung aufrief? Wir erfahren denn auch, daß er an Herzog Friedrich ein Schreiben abschickte mit der Bitte, eiligst Hilfe zu bringen. Weiter erzählt uns der Domherr Roger[2]) von Warasdin, der König Bela habe den Bischöfen von Waizen und Arad befohlen, eiligst zur Königin sich zu begeben und dieselbe an die Gränze Oesterreichs zu geleiten. Der Aufruf an Friedrich ergieng noch im März. Theils von ihm[3]) selbst, theils von anderer Seite erfahren wir, daß er diesem Hilferufe des ungarischen Königs wirklich Folge leistete und zu ihm eilte, aber, wie uns ausdrücklich versichert wird, nur mit wenigen Begleitern. Dieses Benehmen Friedrichs mag jedenfalls auffällig erscheinen, da er doch die Gefahr wenigstens so gut gekannt haben wird, als der bedeutend entferntere Landgraf von Thüringen, der den Herzog von Brabant im März zur schnellsten und thätigsten Hilfe aufrief. Wenn man aber bedenkt, daß er gegen die Mitte März noch in Passau war, und dann erst die unheilverkündenden Botschaften aus Ungarn erhielt, von wo er am 9. Mai schon wieder zurückgekehrt war, so ist es doch ziemlich einleuchtend, daß er in dieser kurzen Zeit kein gar zahlreiches Aufgebot zusammenbringen konnte; daher möchten wir aus dem Umstande seiner geringen Begleitschaft nicht schließen[4]), daß er beim Antritte dieser seiner Reise nach Ungarn gegen dessen König verrätherische Pläne gehabt habe. Dort ange-

---

[1]) S. Rog. Carm. mis. p. 265, 266.

[2]) S. Rog. Carm. mis. l. c.: et (rex) praecepit magistro Stefano episcopo Waciensi, Aradiensi et Sancti Salvatoris Chanadiensi praepositis, quod ad reginam festinanter accederent et ad confinium Austriae properarent, ibidem finem hujus negotii exspectantes. Item per suas litteras rogavit ducem Austriae, ut ad ipsum accederet festinanter.

[3]) So sagt er selbst in einem Schreiben an König Konrad (Erben Reg. Boem. p. 458, Nr. 1041, Chronik v. Hohenschwangau v. Hormayr II. Thl. p. 65: Quod tanta est infidelium Tartarorum potentia et fortitudo, ut sumus experientia personali experti, cum circa ipsos essemus in Hungaria constituti, conflictu habito cum iisdem. — S. Rog. Carm. mis. cap. 23 p. 269: Quomodo dux Austriae insultum fecerit in Tartaros.

[4]) Anderer Ansicht ist Schwammel in seiner Abhandlung „der Antheil des österr. Herz. Fried. u. s. w." in der Gymnas. Zeitschrift 8. B. p. 670.

6

kommen aber traf Friedrich allerdings Verhältnisse, die einen ehr- und länder-
süchtigen Fürsten, wie er war, zu locken vermochten. Hatte schon in den ersten
Regierungsjahren Bela's allgemeine Unzufriedenheit das Land beherrscht, so
standen jetzt die Dinge noch viel schlimmer. Anstatt sich gegen den gemeinschaftlichen Feind unter die eine Oberleitung des Königs zu stellen, glaubten
jetzt viele Große, ihm erst recht trotzen zu können. Bela vermied sorgfältig
jedes offene Treffen mit den Tartaren, da diese im Felde durch ihren wilden
Anprall und die stürmische Raschheit ihrer Reiter dem ungarischen Heere weit
überlegen waren; das gefiel aber manchem nicht und da nun Friedrich kam,
der allzeit schlagfertige Degen, so hatte er sich bald die Zuneigung vieler im
vollsten Grade erworben. Es ereignete[1] sich nämlich, daß während seiner Anwesenheit am königlichen Hofe in Pest ein Schwarm der nahe vor der Stadt
sich lagernden Feinde nach Gewohnheit bis zu den Mauern sich heranwagte.
Der Herzog ließ sich nicht zurückhalten und ritt ihnen gewaffnet entgegen.
Da sie vor ihm die Flucht ergriffen, jagte er ihnen nach, erreichte einen derselben mit seiner Lanze und streckte ihn zu Boden; als diesem aber einer zu
Hilfe kommen wollte, hieb er ihm mit seinem Schwerte den Arm ab, so daß
auch dieser todt vom Pferde sank. Das waren Thaten, welche, vor den Augen
der Ungarn verrichtet, dieselben zur allgemeinen Begeisterung für den österreichischen Herzog hinrissen[2], während sie gegen ihren König nur Klagen
und Verwünschungen hatten. Das war eine Erscheinung, für die ein Mann,
wie Friedrich, nicht gleichgültig blieb, er sah sich als den Abgott der ihn
preisenden Ungarn und schmiedete nun das Eisen, da es glühte. Es war
auch noch ein anderer Umstand, der ihm zu Gute kam. Wie schon bemerkt,
hatte Bela die vor den Mongolen sich zurückziehenden Kumanen in sein Reich
aufgenommen, worüber aber die meisten seiner Unterthanen höchst ungehalten[3]
waren, da sie sich denselben gegenüber entweder zurückgesetzt sahen, oder weil
sie glaubten, jene seien nur von den Mongolen gesandt, um ihnen das ganze
Land in die Hände zu spielen. Bela hatte auch sie gegen die Tartaren zu
Hilfe gerufen, und sie waren seinem Rufe, ihren König Gutan an der Spitze,
gefolgt. In Pest, wo dieser sich bei Bela aufhielt, brach das erregte Volk
los, stürmisch verlangte es den Tod des kumanischen Königs und fand am
anwesenden Herzog Friedrich mit seinen Deutschen bereitwillige Bundesgenossen.
Der Aufstand artete endlich in einen Kampf aus, in welchem Ungarn und
Deutsche, vielleicht sogar angeführt vom Babenberger, das Haus, in dem sich
Gutan befand, stürmten, und ihn und seine ganze Familie dem Tode über-

---

[1] S. Rog. Carm. mis. cap. 23 l. c.

[2] Am Schluße dieser Erzählung sagt Rager: propter hoc Hungari assumta materia
exprobrare regum ac exaltare ducem unanimiter inceperunt.

[3] S. Rog. Carm. mis. cap. 3 und 7: de causa odii prima und de quinta p. 258 und 260.

lieferten. Nach diesem unsinnigen Unternehmen, wodurch die Kumanen, welche doch naturgemäß treue Bundesgenossen der Ungarn gewesen wären, zu den Mongolen hinübergedrängt wurden, zog der Herzog von dannen, Ungarn aber war durch seine Mitschuld in noch größere Noth gestürzt und daher auch die Gefahr und Bedrängniß der westlichen Länder eine vergrößerte. Roger, der uns den Untergang des Kumanenkönigs weitläufig erzählt, bekennt[1]), den Urheber dieser Unthat nicht zu wissen, da die einen als solchen den Herzog Friedrich, die andern den König Bela angeben, was aber nicht wahrscheinlich sei, da Gutan unschuldig gewesen und vom Könige eidlich sicheres Geleite erhalten habe. Schon aus diesen Worten Rogers, der ohne Partheileidenschaft und mit dem redlichen Streben, das Wahre zu überliefern, schreibt, geht hervor, daß auch er seinerseits eher der ersteren Ansicht ist. Merkwürdigerweise wird dieselbe noch unterstützt durch eine Angabe des Annalisten von Heiligenkreuz, welches Kloster mit Ungarn zu dieser Zeit in näherer Beziehung gestanden[2]) zu sein scheint. Dieser sagt ausdrücklich, König Gutan habe sich mit zweien Frauen selbst getödtet, aus Furcht vor dem Herzoge, der ihn belagerte und seinen Palast eroberte.

Aus beiden Angaben geht deutlich genug hervor, daß Friedrich oder wenigstens seine Leute unter den Angreifern der Kumanen wären; denn wer anders sollten jene Deutschen gewesen sein, die nach Rogers Angabe mit den Ungarn gemeinschaftliche Sache machten, als die Begleiter des österreichischen Herzogs, da von sonstigen deutschen Hilfstruppen noch gar keine Rede war? Bei diesem seinem Aufenthalte in Ungarn hatte Friedrich die dem ganzen christlichen Westen drohende Gefahr mit eigenen Augen gesehen. Kaum war er zurückgekehrt, so gab Bela dem Drängen seiner unbotmäßigen Unterthanen nach und beschloß, nachdem er einen großen Theil seiner Streitkräfte um sich

---

[1]) S. Rog. Carm. mis. cap. 24 p. 270: quomodo Kuthen rex Cumanorum exstiterit interfectus. Da sagt er schließlich: quidam autem volunt hoc facinus duci Austriae imputare, ab aliis vero de mandato regis dicitur esse factum, tamen postquam pro certo est compertum, quod Kuthen hujus nequitiae est expers, asserunt hoc verisimile non esse, quod rex, qui ipsum de sacro fonte levaverat et securitatem ei dedorat, praestito juramento, tantum facinus perpetrasset; nolo quidem ego, qualiter hoc factum est, diffinire; diffiniat ille, qui novit et penam vel gratiam unionique juxta opera sua reddet.

[2]) S. die zahlreichen Urkunden der Könige Andreas und Bela für Heiligenkreuz in Fejér Cod. diplom. Ungar. III. B. 2. Abthl. p. 215, 459, 460, IV. B. 1. Abth. p. 57, 197, IV. B. 2. Abthl. p. 382. — Vergl. folgende zwei Stellen:

Rog. Carm. mis. cap. 24: ac subito Hungari et Theutonici armati intrantes palatium, in quo erat (Kuthen) violenter ad ipsum accedere voluerunt u. s. w.

Contin. Sancruc. II. ad A. 1242: quorum (Cuman.) rex nomine Gutan se ipsum interfecit, prius interfectis duabus reginis et aliis, qui secum in domo convenerant, prae timore ducis Austriae, qui domum illam impugnabat et tandem expugnabat.

gesammelt hatte, den wilden Horden gegenüber sein Glück im offenen Schlacht-
felde zu versuchen. Scheinbar ergriffen sie vor ihm die Flucht und lockten
ihn bis an den Fluß Sajo auf die Ebene Mohi.[1]) Der König wagte nun
die Feldschlacht, aber zu seinem Verderben. Dem sicher treffenden Pfeile oder
dem Schwerte der Mongolen fiel der größte Theil des Heeres zum Opfer,
Bela's Bruder erlag den erhaltenen Wunden, viele geistliche und weltliche
Große fanden den Tod; der König selbst entgieng mit genauer Noth dem
Blutbade und flüchtete eiligst gegen die nordwestliche Gränze seines Reiches.
Bald entschloß er sich, seinen Weg nach Oesterreich zu nehmen, wohin er
schon vorher seine Gemahlin mit einigen Kostbarkeiten geschickt hatte. Herzog
Friedrich eilte auf die Nachricht hievon ihm entgegen und lud ihn selbst ein,
über die Donau in sein Land zu kommen, um dort von den Mühen und
Strapazen auszuruhen. Der König, seinen freundlichen Worten Glauben
schenkend, begab sich auch bereitwillig auf österreichisches Gebiet, gelangte aber,
um Roger's charakteristische Worte[2]) zu gebrauchen, aus der Scylla in die
Charybdis. Friedrich nämlich, die ihm drohende Gefahr bei Seite setzend und
nur seinen eigenen, egoistischen Plänen nachhängend, benützte die hilflose Lage
des vertriebenen Königs und richtete an ihn Forderungen, welche ihn seine
äußerste Notlage zu bewilligen zwang. Vor allem sollte Bela jene Summen
herausgeben, die er ihm hatte in Folge des Krieges vom Jahre 1235 aus-
zahlen müßen, um einen Frieden zu erkaufen. Da dieser aber entblößt vom
größten Theil des Seinigen diesem Ansinnen nicht nachkommen konnte, so
nahm ihm der Herzog seine wenigen geretteten Schätze, wie Ringe, Gefäße
und Edelsteine und ließ sich für den Rest des Geforderten drei an seine Länder
angränzende Comitate abtreten. Bei einer solchen ungerechten und bedrückenden
Behandlung, die Bela bei Friedrich erfahren mußte, war natürlich allhier
nicht lange seines Verweilens und wahrscheinlich noch im April brach er auf
und ging mit seiner Gemahlin vorerst nach Agram, wo wir ihn bereits am
8. Mai treffen[3]). Er hatte in Oesterreich die Erfahrung gemacht, daß auf
eine Unterstützung von Seite des Herzogs zur Gewinnung seines Reiches nie
zu rechnen sei und wandte sich daher um Hilfe an den Kaiser[4]), dem er durch

---

[1]) S. Rogers umständlichen Bericht cap. 28, 29, 30, 31 p. 275—279.

[2]) S. Rog. carm. mis. cap. 32 p. 279: Quid fecerit rex Bela post debellationem sui
exercitus et qualiter per ducem Austriae captus fuerit pariter et spoliatus. . . et cum
se rex scyllam vitare crederet, incidit in charybdim et sicut piscis volens vitare
frixorium ne frigatur ad assandum projicit se ad prunas, credens malum effugere in-
venit nequius.

[3]) S. Fejér Cod. diplom. IV. B. 1. Abth. p. 214, i. Archid. Salon. bei Lucius de Regno
Dalm. et Croat. p. 159.

[4]) S. Annal. S. Pantal. in Böhmers Fontes IV. B. p. 477: Rex profugus ad ducem
Austriae se contulit et postmodum per Wacionsem episcopum ab imperatore auxilium

seinen Gesandten, den Bischof Stefan von Waizen sein Reich übergab, um es von ihm zu Lehen zu nehmen. Der nämliche Bischof überbrachte auch dem Papste ein Schreiben Bela's, worin um dringende Hilfe für die Christen Ungarn's gebeten ward.

Während der größte Theil dieses Landes unter dem blutigen Joche der Barbaren seufzte, hatten dieselben ihre Verwüstungen und verheerenden Züge auch auf die nördlich davon gelegenen Länder ausgedehnt. Nachdem sie das feste Breslau verbrannt hatten, zogen sie in das Land Herzog Heinrichs, des Frommen, von Schlesien, wo derselbe eine bedeutende Kriegsmacht zusammen-zubringen trachtete. Zu seiner Unterstützung eilten Herzog Boleslaw, der Landmeister Poppo von Osterna und andere herbei; auch der Böhmenkönig war im Anzuge. Ohne aber denselben zu erwarten, ergriffen die Vereinigten die ihnen bei Liegnitz gebotene Gelegenheit zur Schlacht; es war der Tag des 9. April. Verzweifelt wehrten sich die tapfern Ritter gegen die Unzahl der anströmenden Asiaten, allein vergebens, denn ihre Zahl war zu gering; die meisten von ihnen suchten und fanden den Heldentod, durch den allein sie dem Feinde den Platz räumten, den er mit vielem Blute erkaufen mußte. Hatten auch die Tartaren das Feld behauptet, so fanden sie es doch für besser, sich nach Süden zu wenden und mit ihren Genossen sich zu vereinigen, da sie durch die heldenmüthige Gegenwehr der christlichen Ritter große Verluste erlitten hatten. König Wenzel hatte das blutige Treffen nicht erreichen können, nichts destoweniger hat er das Verdienst, unter allen abendländischen Fürsten das Meiste zur Vertreibung der Mongolen beigetragen zu haben. Er erließ nach erhaltener Nachricht von der Niederlage an alle seine Untergebenen einen ernstlichen Mahnruf, wirksame Hilfe zu leisten[1]) und Gut und Leben ein-zusetzen. Rasch rückte er bis an die äußerste Gränze seines Landes vor und wußte so das Eindringen der wilden Horden in dasselbe zu verhindern.

Inzwischen hatte Herzog Friedrich Gelegenheit bekommen, die Saat, die er durch sein Vorgehen gegen König Bela theilweise selbst gesäet hatte, zu ärnten. Nachdem das Hauptheer der Ungarn gänzlich geschlagen und zer-streut war, dauerte es nur mehr ganz kurze Zeit, bis auch an seinen Gränzen die ersten Schwärme erschienen. Allein bevor er es der Mühe wert fand, ihnen einen ausgiebigen Widerstand entgegenzusetzen, unternahm er noch ein gar wenig ruhmvolles Werk. Er wandte sich nämlich vor allem andern gegen

postulavit, sponsa illi perpetua subjectione, si per operam suam contingeret ipsum regnum recuperare. S. auch Ecard, Chron. Luneb. 1. B. p. 1410.

[1]) S. Fejér l. c., im Auszuge auch bei Erben Reg. Boem. p. 484 Nr. 1032.

[2]) S. Erben Reg. Boem. p. 480 Nr. 1027: Omnium vestrum auxilium invocamus, ut potius juvetis nos terram nostram defendere et ipsis (Tart) viriliter obviare, quoniam cum nos, quod deus avertat, devicerint, vos vitam et res vestras in terra (vestra) defendere oportet et tantum subsidium, quantum nunc christianitati exhibere possumus penitus annulletur u. s. w.

das ohnehin schon so bedrängte Ungarn, um das dem Könige Abgenötigte sich zu sichern. Während also die Tartaren am linken Donauufer die Unterwerfung und Verwüstung des Landes betrieben, war Friedrich auf dem rechten mit Aehnlichem beschäftigt. Er stürmte gegen Raab und bekam es auch wirklich in seine Gewalt; während er sich aber daselbst festzusetzen suchte, thaten sich die Einwohner der dortigen Landschaft zusammen, griffen den Herzog an und nahmen die Stadt wieder ein, wobei sie das Lager der Deutschen mit den darin Zurückgebliebenen verbrannten[1]). Der Anführer der Ungarn war ein gewißer Graf Kosmas. Nach ihm übernahm ein Graf Achilles die Führerschaft und wußte auch die von Friedrich bedrohten Landschaften, das Preßburger Komitat, ihrem rechtmäßigen Herrn zu erhalten[2]).

Aus diesen wenigen Angaben läßt sich schon mit Sicherheit schließen, daß die zwischen Oesterreich und Ungarn um diese Zeit bestandenen Kämpfe nicht mit einem Male abgethan und sehr erbittert waren. Dazu kam noch weiter, daß Friedrich, durch die nach anfänglichen Erfolgen erlittene Schlappe vor Raab wüthend gemacht, eine wahrhaft grausame Rache gegen die armen Unterthanen Bela's ausübte. Er forderte nämlich von denjenigen, welche den Händen der Tartaren kaum mit dem nackten Leben entflohen waren und hilfsbedürftig seine Gastfreundschaft anriefen und denen er auch wirklich Schutz versprochen hatte, Geldsummen für die Gewährung desselben, wodurch er ihnen ihr letztes gerettetes Eigenthum entzog. So lebten diese armen Flüchtlinge in bitterstem Schmerze, nicht einmal sicher vor wilden Thieren, da sie nach ihrer gänzlichen Beraubung förmlich entkleidet, fortgestoßen wurden[3]).

Mußte bei einem solchen Verfahren die gegenseitige Erbitterung nicht auf's äußerste gesteigert werden und sollten die Ungarn gegen den Herzog nicht tödtlichen Haß empfinden, da er, ein christlicher Fürst, sich durch seine eigennützige, heillose Politik gleichsam zum natürlichen Bundesgenossen der

---

[1]) Dieß berichtet Roger. cap. 33 p. 281: Quomodo dux Austriae spoliaverit fugitivos Hungaros et de insulta Theutonorum in Hungariam facto.

[2]) Wir erfahren dieß aus zwei Urkunden Bela's vom Jahre 1245 und 1256 bei Fejér Cod. diplom. IV. B. 2. Abth. p. 388: Cum etiam in partibus maritimis maneremus contra ducem Austriae nostrum inimicum capitalem, comites Cosmas et Achilles illaesum et indemne regni nostri confinium servarunt, ubi praefatus Cosmas comes pro fidelitate nobis impensa recepta duodecim vulneribus fuerat captivatus, quo in captivitate existente comes Achilles illaesum nostrum confinium conservavit. — Ebenso Fejér IV. B. 1. Abthl. p. 390: Postmodum autem nobis existentibus in maritimis, idem comes Cosmas confinium regni nostri videlicet totum comitatum Posoniensem contra ducem Austriae indemniter conservavit ibique in conservatione confinii quindecim vulneribus exstiterat vulneratus et in illis vulneribus per Theutonicos fuerat captivatus, qua captivitate nos redemimus seu recepimus eundem.

[3]) S. Rog. Carm. mis. cap. 33: et sic . . . eos usque ad extremam exinanitionem nequiter spoliavit et miseri Hungari devorabantur ubique morsu amarissimo a saevis bestiis dentalis et postmodum nudi in aridam projiciebantur et evomebantur.

heidnischen, aller Civilisation feindlichen Mongolen machte! Auch König Bela wurde mit tiefstem Ingrimme gegen ihn erfüllt, und vermochte denselben noch in späteren Jahren selbst in öffentlichen Instrumenten[1]) nicht zu unterdrücken.

Aber nicht lange sollte es dem Herzoge gestattet sein, diesen Plänen nachzuhängen, denn die Tartaren pochten auch an seine Thore. War sein Vorgehen gegen Ungarn ein höchst verderbliches und unzeitgemäßes, so kann man es andererseits doch wieder nicht in Abrede stellen, daß er, als sein eigenes Haus zu brennen begann, ernstliche Gegenwehr traf. Vor der Mitte Juni konzentrirten sich die mongolischen Horden im Süden von Mähren und bedrohten die Südgränze von Böhmen und den nördlichen Theil Oesterreichs. Bei einem solchen Einfalle in letzteres trat ihnen Friedrich gerüstet entgegen und trieb sie mit Verlust zurück; bald darauf gelang es ihm, ihnen eine noch bedeutendere Schlappe beizubringen[2]).

Es waren dieß natürlich nur Vorpostengefechte, denn zum Glücke für den ganzen Westen Europa's zeigten die Tartaren für den Augenblick keine Gelüste, ernstlich weiter vorzubringen, sondern sie begannen sich einmal im eroberten Lande etwas genauer umzusehen und dasselbe aufzutheilen. Herzog Friedrich erkannte es trotz der errungenen Vortheile ganz wohl, daß er allein einem größeren Anpralle derselben nicht gewachsen war und wandte sich daher an König Konrad um Hilfe. Am 13. Juni[3]) schrieb er an ihn von Wien aus: »Auf seinen Wunsch, über alles benachrichtigt zu werden, was die Wuth der Tartaren an den Gränzen seines Landes angerichtet habe, innerhalb welchen sie kurze Zeit verweilten, dann aber aus Scheu vor seiner Ankunft mit einem Verluste von 300 Mann dasselbe verließen, wolle er ihm nun schreiben. Ueber den Zustand des ungarischen Reiches und über das Einzelne, was der Böhmenkönig durch ihre Angriffe zu ertragen hätte, werde er schon durch die betreffenden Fürsten selbst Nachricht bekommen haben. Bezüglich seines Marsches aber und der von ihm gesammelten Truppen wolle er ihm dringend rathen, daß er vor allem mit Lebensmitteln sich versehe und mit möglichster Schonung sein Land durchziehe, das ohnehin vielfältig verwüstet sei, so daß es für die Passanten nicht das Nötigste leisten könnte; jedoch werde es auf seine Bemühungen hin so vieles geben, als es nur könne. Die Fürsten von Sachsen, Meißen und Thüringen möge er durch das verwüstete Königreich Böhmen ziehen lassen, so daß sie dann mit vereinigten Kräften nicht allein die Gränzen des Reiches, sondern auch einen

---

[1]) So nennt er den Herzog im Jahre 1256 (Fejér Cod. dipl. Ung. IV. B. 2. Abth. p. 388) »nostrum inimicum capitalem« und im Jahre 1255 (Fejér l. c. p. 313) »nostrum specialem inimicum regnique nostri insidiatorem.«

[2]) S. Müller Reg. d. Bab. p. 167 Nr. 85, Erben Reg. Boem. p. 408, Huill. Bréh. V. p 1216.

[3]) S. Müller Reg. d. Bab. p. 167 Nr. 85 u. a.

Theil Ungarn's vertheidigen könnten. Weiter berichtet Friedrich, daß jetzt die Tartaren nur zwei Tagreisen von seinem Gebiete entfernt seien, so daß sie täglich ihre Einfälle erneuern könnten, besonders da gegenwärtig ihre Macht, die sie früher getheilt hatten, beisammen sei. Was die Stelle in diesem Briefe anbelangt, worin der Herzog seine Hoffnung ausspricht, daß auch ein Theil Ungarn's vor dem Einfalle der Tartaren bewahrt werden möchte, so ist sie nur ein Beweis für die Erzählung Rogers, der überliefert, daß Friedrich die ihm von Bela abgetretenen Landschaften sogleich in Besitz genommen und aus eigenen Mitteln gegen Angriffe habe sichern lassen[1]), wobei es ihm eben auch nur um das Seinige zu thun war.

Ein anderes Schreiben[2]) richtete er an den Bischof von Constanz, der sich besonders thätig gegen die Tartaren erwies. An diesen berichtete er von einem zweiten Siege über eine mongolische Schaar, bei der es über 700 Todte auf der Seite des Feindes gegeben habe und erwartet, mit Gottes Hilfe ihren fernern Angriffen widerstehen zu können.

König Konrad hatte am 19. Mai[3]) zu Eßlingen einen Hoftag gehalten und einen allgemeinen Landfrieden für ganz Deutschland bis nächsten Martini-tag verordnet. Nebstdem wurde bestimmt, daß bis 1. Juli zu Nürnberg sich die Kreuzfahrer sammeln sollten; aber bald sah sich Konrad genöthigt, den Termin bis 25. Juli zu verlängern, der jedoch ebenfalls nicht eingehalten wurde. Aeußerst dunkel sind jene Verhältnisse, welche den im erschreckten Westen so dringend verkündeten Kreuzzug gegen die Mongolen nicht zu Stande kommen ließen. Auf zwei Punkte aber glauben wir hinweisen zu können; vor allem war es die durch die hitzigen Partheikämpfe hervorgerufene Uneinigkeit der Fürsten, die den nothwendigen Zusammenhalt unter den einzelnen Be-standtheilen des Reichsheeres lockerte, und als man ein Stillestehen der Hor-den jenseits der Donau bemerkte, dasselbe bald auseinandergehen ließ. Ein anderes Moment ist uns angedeutet durch zwei gleichzeitige Geschichtsquellen, welche uns berichten, daß sich zwar viele mit dem Kreuze bezeichneten, allein wegen Mangels eines Führers zu Hause blieben[4]); merkwürdiger Weise ist uns auch gar niemand genannt, der die Sache in die Hand genommen hätte; der junge König hatte genug gethan; da er die Initiative ergriff, selbst das

---

[1]) S. Rog. Carm. mis. cap. 32 p. 240: dux autem illico castrorum illorum comitatus corporali possessione est adeptus et illa ex propriis pecuniis contra tartaros fecit reparare.

[2]) S. Meiler Reg. b. Bab. p. 166 Nr. 83 u. a. Ueber die Datirung dieses Briefes siehe Schwammel 2c. p. 678 u. figd.

[3]) S. Böhmer Reg. Conr. p. 260 Nr. 32, 33, Huill. Bréh. V. B. p. 1214, 1209.

[4]) S. Contin. Garst. ad A. 1241: Licet igitur omnes concorditer cruce insignirent, tamen, quia ducem exercitus non habebant, domi remanserunt. und Gesta Archiep. Trevir.: Quid enim faceret populus sine principe!

Kreuz nahm und den Zeitpunkt des Aufbruches bestimmte, die Führerschaft aber konnten seine unerfahrenen Hände noch nicht ergreifen. Der Kaiser jedoch, der damals noch immer jenes Element war, das bei großen Unternehmungen der Nation die Zügel derselben selbst erfaßte und eigentlich den Impuls und Ausschlag gab, setzte die drohende Gefahr seinen eigenen Bestrebungen nach und hatte für die bedrängten Länder nichts als schöne Worte; diese seine merkwürdige Thatlosigkeit gegen den furchtbaren Feind brachte ihn bei Zeitgenossen sogar in den Verdacht[1] eines Bündnisses mit demselben. Wie aus dem Gesagten hervorgeht, so waren es nach Bela's Niederlage nur die zunächst bedrängten Fürsten, wie der König von Böhmen und der österreichische Herzog, welche es unternahmen, den Tartaren Widerstand entgegenzusetzen; ersterer hielt sie mit stark bewaffneter Macht von den östlichen Gebirgspässen, den Eingängen in sein Land, zurück, während letzterer mit ihnen am Donaustrande zusammentraf. Daß übrigens, wenigstens bis Ende Juni keine bedeutenden Schlachten zwischen den Mongolen und den herzoglichen Truppen vorfielen, beweist schon der Umstand, daß Friedrich in seinen Briefen aus dieser Zeit erzählt, daß ihnen das eine Mal ein Verlust von 300 und das andere Mal von 700 Todten beigebracht wurde, daß also nur einzelne Gefechte mit kleinern Schwärmen stattfanden, welche der Beute wegen die österreichische Gränze zu überschreiten wagten. Es läßt sich überhaupt nicht annehmen, daß die Tartaren in größeren Heeresmassen vor·der kalten Jahreszeit über die ganze Gränze Oesterreichs, also auch über die südöstliche sich ergossen haben, denn es wird uns ausdrücklich gemeldet[2], daß sie erst dann über den breiten Strom setzten, als er mit einer Eisdecke überzogen war. Vom Monate Juli an scheinen sie, wie schon bemerkt, ihre aggressive Thätigkeit eingestellt und in den erworbenen Sitzen der Ruhe gepflegt zu haben. Außerdem gab es in Ungarn selbst noch manche Knoten für sie zu lösen, da noch mehrere feste Punkte bestanden, die ihrem ersten Angriffe muthvoll widerstanden hatten und ihr Vordringen auf diese Weise verzögerten. So lange die Donau nicht gefroren war, mag der Herzog den Uebergang über dieselbe eifrig bewacht haben. Dieß bestätigt[3] auch sein Itinerar, das ihn uns während des größten Theiles der Zeit, seitdem die Mongolen an seiner Gränze standen, an der ungarischen Gränze zeigt. Zwei einzige Male scheint er sich von derselben entfernt zu haben, das eine Mal nach Tobel, seinem Bade- und Vergnügungsorte, wo er aber nur von Geistlichen und Hofministerialen umgeben war, während er die mächtigen Grafen und Herren, die ihn auch sonst

---

[1] Vgl. Contin. Sancruc. II. ad A. 1242. Joh. Victoriens. in Böhmers Fontes I. p. 279. Albert. Boh. p. 28.

[2] S. den Brief eines Benedittinerabtes bei Erben Reg. Boem. p. 502 Nr. 1060 und Fejér Cod. dipl. Ung. IV. B. 1. Abthl. p. 235.

[3] S. Meiler Reg. d. Bab. p. 167—169 Nr. 84—94.

zu begleiten pflegten, zur Vertheidigung der Gränze zurückließ. Im September treffen wir ihn auf kurze Zeit in Krems, wo er mit den Bischöfen von Passau, Freising und Seckau eine zweite Zusammenkunft hielt, wohl zu keinem andern Zwecke, als gegen die Tartaren neue Maßregeln zu berathen. Um die Zeit von Weihnachten herum aber schien es, als wolle nun jener Sturm, unter dessen Gewalt Ungarn schmachten mußte, auch über Oesterreich hereinbrechen. Um diese Zeit nämlich begann sich die Donau in Folge der strengen Winterkälte mit einer Eisscholle zu bedecken, welche den Mongolen eine Fußpassage über den Strom ermöglichte, die sie dann auch sogleich benützten, um über sie auf das rechte Ufer hinüberzusetzen[1]), wodurch ihnen beide babenbergischen Herzogthümer offen standen. Abermals scheinen es jedoch nur einzelne Horden gewesen sein, die es auf Plünderung und Verwüstung des österreichischen Gebietes abgesehen hatten. Während alle gleichzeitigen Quellen uns nur im Allgemeinen von den Zerstörungen und Räubereien der Feinde erzählen, berichtet uns Ivo von Narbonne in einem Briefe[2]) an den Erzbischof von Bordeaux von einer großen Mongolenschlacht zwischen diesen und den vereinigten südostdeutschen Fürsten vor Wiener-Neustadt, wobei der König von Böhmen, der Patriarch von Aquileja, der Herzog von Kärnthen und der Markgraf von Baden unter dem Oberbefehle des österreichischen Herzogs gestanden seien. Als die Tartaren dieses starken Heeres ansichtig geworden hätten sie eilig die Flucht ergriffen und ohne Schwertstreich das Land verlassen. Unmittelbar vorher habe Friedrich mit einer Besatzung von nur 70 Soldaten Neustadt gegen sie vertheidigt und gehalten. Wie es sich mit dieser Erzählung Ivo's verhält, wurde bereits von Schwammel[3]) deutlich gezeigt. Und abgesehen davon, daß wie derselbe nachweist, Ivo's Bericht oft Unrichtigkeiten und Unwahres enthält, und seine Nachrichten daher überhaupt nur behutsam aufzunehmen sind, so können wir seine Erzählung über die Vorgänge um Neustadt, denen schon auf den ersten Blick ein gewisser sabelhafter Typus nicht abgesprochen werden kann, um so weniger geradezu hinnehmen. In seinem Briefe alles Wahre vom Falschen zu sichten, möchte fast unmöglich fallen, da uns Berichte anderer gleichzeitiger Schriftsteller über diese Thatsachen meist fehlen, allein ein Kern von Wahrheit läßt sich doch aus der Hülse von Uebertreibung und Unwahrem losschälen. Es liegt sehr nahe, Ivo's Behauptung als richtig anzunehmen, daß die Tartaren Neustadt umschwärm-

---

[1]) S. das oben citirte Schreiben bei Erben Reg. Boem. p. 502 Nr. 1060: Deinde proficiscentes ad fines nobilia ducis Austriae, Styriae, marchiae Tarvisiae, Moraviae et Boemiae in Natali domini Danubio congelato cum magna fortitudine ad alteram partem fluminis transmearunt; praedictorum principum terras vastando; omniaque feraliter per circuitum exterminando u. s. w.

[2]) S. Erben Reg. Boem. p. 500 Nr. 1059.

[3]) S. die schon erwähnte Abh. desselben in d. Gymnas. Zeitschft.

ten, da dieselbe von Roger[1]) beſtätiget wird; aber ebenderſelbe widerlegt eine
andere Ausſage Ivo's, der zu Folge die Mongolen zu vielen Tauſenden in
Oeſterreich einbrachen, alſo Willens waren, daßſelbe in ihre Hände zu bringen und weiter vorzurücken. Dem widerſpricht auch die Thatſache, daß ſie
im Jahre 1241 noch mehrere große Abtheilungen nach dem Süden Ungarns
entſandten, um ihn ſich zu unterwerfen und wo möglich den dahin geflüchteten
König Bela in ihre Gewalt zu bekommen[2]): andere wieder waren beſchäftigt,
noch nicht eroberte Veſten z. B. St. Martin zu brechen oder gegen ſie einen Angriff
zu unternehmen, wie gegen Gran, das ſie erſt nach dem Uebergang über die Donau
berennen konnten[3]). Ihre Macht war alſo viel zu getheilt, als daß ſie nach dem
Ueberſchreiten des Stromes hätten daran denken können, gegen die öſtlichen Alpen-
länder mit Erfolg vorzugehen. Wie demnach ein großer Einfall der Tartaren und
deren förmliche Belagerung von Neuſtadt in das Gebiet des Unglaublichen
zurückzuweiſen iſt, ſo verhält es ſich ähnlich mit einer andern Ausſage Ivo's,
daß ſich nämlich der Böhmenkönig, der Patriarch von Aglei, der Banus von
Dalmatien u. a. mit Herzog Friedrich vereinigt hätten. Daß letzterer zu dieſer
Zeit nicht in Oeſterreich war, geht aus einer Urkunde hervor[4]); mit großer
Wahrſcheinlichkeit kann daßſelbe auch vom Patriarchen angenommen werden,
da er gleich nach Mitte Februar in Sacile[5]), im Mai bereits in Italien
beim Kaiſer weilte. Was wir alſo nach dem bisher Geſagten Zuverläſſiges
über das Zuſammentreffen Friedrichs mit den Mongolen ſeit dem Winter des
Jahres 1241 bis zu ihrem Rückzuge wiſſen, beſchränkt ſich auf die Thatſache,
daß, nachdem die Donau zugefroren war, einzelne Schwärme die Gegend um
Neuſtadt und Neuburg[6]) verwüſteten, wohl auch mit den gegen ſie geführten
Schaaren Friedrich's manches Treffen hatten. Daraus mag deutlich hervorgehen, daß unſerm Herzoge in keiner Weiſe jener Nimbus gebührt, mit dem
ihn manche Geſchichtſchreiber als Erretter und Befreier Mittel- und Weſt-

---

[1]) S. Roger. Carm. mis. p. 295 cap. 40: et terram tam ultra Danubium quam citra
eorum in manibus habuerunt, sed citra non fuit sic funditus desolata, quia ibi sua
tentoria non fixerunt, sed transeundo quidquid invenerunt, unanimiter destruxerunt.

[2]) S. Thomas v. Spal. bei Lucius p. 160: appropinquantibus Tartaris in Tragurium (Bela:
ivit et illorum metu, qui ad maritimam jam descenderant, cum familia et thessauro in
navibus . . . . se transvexit.

[3]) S. Rog. Carm. mis. cap. 38 p. 290: Sed cum Strigonium in Hungaria omnes et
singulas praecelleret civitates, maxime cogitabant transire Danubium et figere castra sua.

[4]) S. die Urkunde bei Fejér Cod. dipl. Ung. IV. B. 1. Abthl. p. 323, wo es heißt: cum
ad partes maritimas fugeremus nunquam se a nostro nostrarumque familiarium cu-
stodia elongavit (Dionysius.)

[5]) S. die Regeſten v. Aquileja im Archive für öſt. Geſch. 21. B. p. 215: Jatum Sacili
20. 2. 1242. Dieſe Urkunde ſcheint mir ein werthvoller Beitrag für die Beweisführung
Schwamml's. S. Böhmer Reg. Frid. p. 192 Nr. 1025.

[6]) S. Contin. Garstens. ad A. 1241.

Europa's von den Tartaren bedacht haben. Er wehrte sich zwar, nachdem er durch seine in Ungarn begangene Thorheit sie sich selbst herbeigezogen hatte, ritterlich, allein man wird ohne Zweifel nicht irre gehen, wenn man behauptet, daß die an der Donau, ja überhaupt in Europa gefundene Gegenwehr die Mongolen nicht zum Rückzuge bewogen hätte, wären es nicht ihre eigenen innern Verhältnisse gewesen, welche ihren Führer Batu mahnten, seinen Weg wieder nach Osten zurückzunehmen. Den Zeitgenossen aber erschien es wie ein Wunder[1]), als sie sich im Frühjahre 1242 zurückzuziehen begannen; ihr Weg gieng über Siebenbürgen und war ebenso von Verwüstungen gekennzeichnet, wie der, auf dem sie gekommen waren.

Schon aus dem Itinerar des Herzogs können wir ersehen, daß ihn die Mongolenangelegenheit nur in den ersten Monaten des Jahres 1242 noch beschäftigte, denn Anfangs April treffen wir ihn schon auf einer Reise durch die Herzogthümer. Es mag wohl auch nothwendig gewesen sein, daß er in eigener Person seine Länder besuchte, um daselbst endlich einmal zu verkünden, daß nun Frieden geworden sei, nachdem sie fast ein Jahrzehnt hindurch unter der Last mannigfacher Fehden und Kriege geschmachtet hatten. Am Semmering traf er zum Erzbischof Eberhard, der ihn ersuchte, ihm einen Revers[2]) über alle, von seiner Kirche zu Lehen getragenen, Güter auszustellen, dem der Herzog in ähnlicher Weise wie das Jahr vorher für Passau nachkam. Ebendaselbst hatten sich um ihn manche vornehme ungarische Flüchtlinge gesammelt, welche es jetzt wahrscheinlich unternahmen, in ihre veröbete Heimat wieder zurückzukehren. Bevor Friedrich sich nach Steiermark begab, hatte er wieder manche Privilegien für Klöster erlassen; so befahl[3]) er seinen Mauthnern, vom Kloster Reichersberg für dessen Lebensmittel keinen Zoll zu erheben, das gleiche Privileg erhielt das Kloster Lambach, Zwettl wurde mit Schenkungen bedacht. Im Sommer begab er sich an seinen Erfrischungsaufenthalt Tobel bei Graz[4]). Auch Bischof Heinrich von Seckau, sein treuer Freund, den wir zur Zeit der Mongolengefahr an seiner Seite finden, wurde mit Beweisen seiner Gunst und Dankbarkeit versehen, indem er ihm ein Landgut in Passail schenkte, nachdem er ihm schon das Jahr vorher durch die Uebertragung des Kirchenpatronates in Tobel sich freundlich erwiesen hatte. Doch die Tage des Friedens waren bald gezählt, da der Herzog wieder mit seinen Leuten an die Ostgränze gerufen wurde. Als die Mongolen unter großen Verwüstungen in der ersten Hälfte dieses Jahres das Land verließen,

---

[1]) S. Annal. Schefftl. l. c.: Sed qualiter a finibus christianorum recesserint, ipse solus deus arbiter novit. — Contin. Garst. ad A. 1241: Tartaris propriae voluntatis motu sive domino disponente retroversis.

[2]) S. Meiler Reg. d. Bab. p. 170 Nr. 98. — S. Meiler Reg. v. Salzb. p. 281 Nr. 514.

[3]) S. Meiler Reg. v. Bab. p. 170 Nr. 95, 96, 97.

[4]) S. Meiler Reg. d. Bab. p. 171 Nr. 101—106.

kehrte auch König Bela aus seinem Asyle in Dalmatien zurück. Obgleich sein Land verödet, die Kraft desselben fast gänzlich gebrochen war, so überwog bei ihm doch der Groll gegen den österreichischen Herzog alle andern Rück= sichten. Wir haben gesehen, wie Friedrich ihn bei seiner Flucht und nach derselben seine flüchtigen Unterthanen behandelte, wie er sich seine Not zu Nutzen machte, um ihn außer seiner Schätze dreier Comitate zu berauben, wie er darauf in sein Land einfiel und dessen von den Tartaren geschreckte Bewohner zwang, gegen denjenigen die Waffen zu ergreifen, der ihnen hätte zur Stütze gereichen sollen. Dieses Vorgehen ließ Bela, kaum zurückgekehrt, die Waffen gegen seinen westlichen Nachbar ergreifen. Man wird kaum irren, wenn man diesen Feldzug Bela's in die Monate September und Oktober verlegt, da der Herzog in dieser Zeit urkundlich »in castris« erscheint.[1]

Ueber den Verlauf dieses Krieges wären wir fast gar nicht von den gleichzeitigen Geschichtsaufzeichnungen unterrichtet, gäbe uns nicht Bela selbst in einigen Urkunden darüber wenigstens einigen Aufschluß. Graf Achilles, welcher nach der Gefangennehmung des Grafen Kosmas durch die Oester= reicher die Vertheidigung des Preßburger=Comitates übernommen hatte, fiel von dort aus in Friedrichs Land ein und drang unter Verwüstungen bis Wien vor[2], während sich König Bela anschickte, das vom Herzoge besetzte Oedenburg zu belagern. Das Glück scheint eher Bela günstig gewesen zu sein, da, wie er selbst erzählt, die Belagerten einen Ausfall machten, aber zurückgeworfen wurden. Zuletzt scheint aber Bela derjenige gewesen zu sein, der um Geld den Frieden erkaufen mußte, wozu wohl am meisten der Umstand beitrug, daß seine Unterthanen denn doch genug des Kampfes und Kriegselendes hatten. Friedrichs Aufmerksamkeit wurde zu gleicher Zeit nach Böhmen abgelenkt, mit dem er gleichfalls Händel bekam. Die Ursache und der Beginn dieses Krieges wird von einigen Geschichtsquellen dem Herzoge untergeschoben; allein dafür kennt man keinen Grund, im Gegentheile ist es

---

[1] S. Meiler Reg. d. Bab. p. 172 Nr. 109: Acta sunt apud Neunburch anno 1242, data in castris apud Weikinsdorf IV. non. Octobr. Unmittelbar nach diesem Kriege hatte Friedrich einen gegen Böhmen, der, wie wir zeigen werden, im November war. Für diese Zeit sprechen auch die Itinerarien Friedrichs und Bela's, bei Meiler Reg. d. Bab. p. 172 Nr. 106 und fgd. und Fejér Cod. dipl. Ung. IV. B. 1. Abth. p. 253, 258, 272. Friedrich stand noch Ende Juli in Steiermark, Bela am 13. November in Wereucha, am 13. Jänner in Neitra.

[2] S. Fejér Cod. dipl. Ung. IV. B. 2. Abthl. p. 388: Et dum de maritimis redeuntes praefato Cosma comite in captivitate existente contra ducem Austriae exercitum movissemus, idem Achilles regnum Austriae usque Viennam a Posonio pro fidelitate nobis debita devastavit. S. auch p. 390. — S. Fejér Cod. dipl. IV. B. 1. Abthl. p. 287. — Contin. Sancruc. II. ad A. 1243. — Contin. Garst. ad A. 1242: Fridericus dux Austriae miles potens strenuus et ad arma perfectus Belam regem Hungariae collecto exercitu hinc et inde suis viribus inclinavit et ipse rex per multam pecuniam pignore confirmatum manus ejus et indignationem declinavit.

viel wahrscheinlicher, daß Böhmen als alter Bundesgenosse Ungarns, als dasselbe an Friedrich Rache nehmen wollte, auch mitthat, um endlich einmal die
Ausführung des Vertrages zu erwirken[1]), nach dem Wenzels Sohn die Nichte
des Babenbergers erhalten sollte. Dem entsprach auch der bald erfolgte Frie-
densschluß, in welchem dieser Vertrag erneuert wurde, nachdem Friedrichs
Heer beim Herannahen der Böhmen die Flucht ergriffen hatte. Was die Zeit
dieses Krieges betrifft, so wird dieselbe in den Spätherbst des Jahres 1242
zu setzen sein, in welchem wir den Herzog an der böhmisch-mährischen Gränze
finden.[2])

Jenes Abkommen bezüglich der Nichte Friedrichs blieb aber auch jetzt
wieder nur Vertrag und harrte vergeblich seiner Ausführung, für die Friedrich
noch nie einen besondern Eifer an den Tag gelegt hatte. Dazu kam aber
noch ein anderer Faktor, der die Hoffnungen des Böhmenkönigs vollends zu
nichte zu machen drohte und das war das Eingreifen des Kaisers[3]) in diese
Angelegenheit.

Wir haben schon im Jahre 1237 gesehen, welche Mühe er es sich kosten
ließ und wie von ihm alles darauf angelegt war, die beiden babenbergischen
Herzogthümer an's Reich und dadurch wenigstens mittelbar an sein Haus zu
bringen. Dieses Bestreben des Kaisers war, so erfolgreich es sich Anfangs
zu gestalten schien, zu Wasser geworden, indem der geächtete Herzog sich bald
wieder in den Besitz des Verlornen gesetzt hatte. Deßhalb war aber der Kaiser
keineswegs gewillt, seine einmal gehegten Absichten auf Friedrichs Länder
fallen zu lassen und versuchte es nun, dieselben auf einem andern Wege durchzusetzen. Seitdem er sich mit dem Herzoge gegen Ende 1239 ausgesöhnt
hatte, war das gegenseitige freundschaftliche Verhältniß nicht mehr gestört
worden. Daß beide im Jahre 1240 in schriftlichem Verkehre mit einander
standen, wurde schon erwähnt, das Gleiche war auch 1241 der Fall, wo
Friedrich dem Kaiser über den Einfall der Mongolen Bericht erstattete[4]).

---

[1]) S. Contin. Garst. ad A. 1242. — Contin. Sancruc. II. ad A. 1243. — Canonic. Prag
Contin. Cosmae ad A. 1242: Fridericus dux Austriae Morawiam vastavit et eam cum
magno damno confusus exivit, intrante Wenceslao rege Boemiae in ipsam Morawiam
causa experiendi belli fortunam.

[2]) S. Meiler Reg. d. Bab. p. 173 Nr. 110 und Anmerk. — Vergl. Kaiblinger Gesch.
v. Melk p. 331, worin gesagt wird, der in jener Urkunde bei Meiler angegebene
Ausstellort „Loope" sei nicht „La" sondern „Laab," ein herzogliches Jagdschloß.

Für diese Zeit des Krieges spricht auch Wenzel's Itinerar: im August 1242
befindet er sich in Eger, im Jänner 1243 zu Prag, s. Erben Reg. Boem. p. 504, 506
Nr. 1066, 1069.

[3]) Contin. Garst. ad A. 1242: Matrimonium non extitit consummatum, quia dominus
imperator prohibuit, ne puella scilicet fratruelis ipsius ducis filio regis daretur in
uxorem volens personaliter contrahere cum eadem.

[4]) Erben Reg. Boem. p. 494 Nr. 1052, der Brief des Kaisers an den König von Eng-
land, wo es unter andern heißt: Nec non et haec per litteras . . Austriae et Bawariae

Am Beginne des Jahres 1243 erwies sich ihm der Kaiser aufmerksam, da er ihn nebst dem Erzbischof Eberhard von Salzburg[1]) zum Schiedsrichter in Streitigkeiten ernannte, welche zwischen dem Kloster Göß und dem Herzoge von Kärnthen ausgebrochen waren. Um die gleiche Zeit mag es auch gewesen sein, wo er sich am österreichischen Hofe gegen die Erfüllung des mit Böhmen erneuerten Vertrages einlegte; hatte er ja nichts Geringeres im Sinne, als sich selbst mit jener Babenbergerin zu vermählen, die der Herzog schon zu verschiedenen Malen dem böhmischen Königssohne hatte versprechen müssen. Daß er dadurch in einen Konflikt mit Böhmen kommen mußte, konnte er leicht voraussehen; daher wird man in der Ernennung Wenzels[2]) zum Reichsverweser, die im Laufe des Jahres 1243 erfolgte, nur ein Abfertigungs- mittel wegen der durch kaiserliche Dazwischenkunft verhinderten Heirat des Wladislaus mit Friedrichs Nichte Gertrude erblicken. Uebrigens wurde diese Angelegenheit vorerst ganz im Stillen behandelt und sollte erst später nach Außen bedeutend hervortreten.

Nebenbei ging aber der Herzog dennoch seine eigenen Wege. Oefters haben wir schon Gelegenheit gehabt, das freundschaftliche Verhältniß, das zwischen dem österreichischen Herzoge und dem Erzbischofe von Salzburg und seinen Suffraganen bestand, zu beobachten. Im Jahre 1243 gedachte nun Friedrich, diese ihm befreundeten Kirchenfürsten zu gebrauchen, um eine Scheidung von seiner Gemahlin Agnes von Meranien zu bewerkstelligen[3]). Zu diesem Zwecke berief er außer dem Erzbischofe Eberhard die Bischöfe von Passau, Seckau, Gurk und Lavant auf den Juni nach Steiermark[4]) zu einer Versammlung, um auf derselben ihren Ausspruch zu vernehmen. Ob es die Unfruchtbarkeit der Meranerin allein war, die den Herzog zu diesem Schritte bewog, bezweifeln wir, im Gegentheile möchten wir darin eine Wirkung des Einflusses Eberhards auf ihn erblicken. Die Thätigkeit desselben war, wie wir schon öfters gesehen haben, besonders darauf gerichtet, unter seinen Nachbarfürsten ein friedliches Verhältnis zu vermitteln. Um aber zwischen den beiden Herzogen von Baiern und Oesterreich einen dauernden Friedens- zustand zu schaffen, mochte es gerathen erscheinen, den Babenberger vom

---

ducum, ipsis quoque nuntiorum verbis, qui de vicinitate hostium experimento sunt adocti, certificamur.

[1]) S. Meiler Reg. d. Bab., p. 173 Nr. 111.

[2]) S. Erben Reg. Boem. p. 520 Nr. 1091, wo sich Wenzel sacri per Germaniam imperii procurator nennt. Daß diese Würde aber eigentlich nur ein Titel war, beweißt, daß das Jahr vorher schon ein Reichsverweser in Heinrich Raspe, Landgrafen von Thüringen eingesetzt worden war. Vergl. Schirrmacher IV. B. p. 141.

[3]) Contin. Garst. ad A. 1243. Contin. Sancruc. (zum falschen Jahre 1244.)

[4]) S. Meiler Reg. d. Bab. p. 176 Nr. 123, 124. — S. Meiler Reg. v. Salzb. p. 285 Nr. 531—534.

Hause Meranien wegzuziehen, mit dem Otto oft in Zwistigkeiten gerieth. Und nicht nur eine Trennung vom meranischen, sondern geradezu eine verwandtschaftliche Verbindung mit dem wittelsbachischen Hause lag daher ganz im Sinne Eberhards und seiner Parthei. Deswegen scheint eben von ihm der Impuls zu den in der nächsten Zeit sich abwickelnden Verhandlungen und Begebenheiten ausgegangen zu sein, denn unmittelbar vor seiner Reise zum österreichischen Herzoge machte sich Otto[1]) persönlich auf zu ihm nach Salzburg, wo man sich zuerst über ein diesbezügliches Projekt besprochen haben mag. Ein anderes Moment, das uns zeigt, daß die beabsichtigte Trennung des Herzogs von seiner Gemahlin im antipäpstlichen Sinne und Interesse vollzogen werden sollte, war, daß es Friedrich nicht gerathen fand, diese Sache der römischen Curie zur Entscheidung vorzulegen, sondern einfach den Ausspruch einiger zu Friesach versammelten Bischöfe als genügend ansah, wogegen jedoch Agnes an den Papst appellirte. Dabei blieb man aber nicht stehen, sondern ging einen Schritt weiter, da Friedrich um die Hand einer bairischen Prinzessin, einer Tochter des Herzogs Otto anhielt, was nicht zum Plane des Kaisers paßte. Bevor wir aber die weitere Entwicklung dieser Angelegenheit in's Auge faßen, wollen wir Friedrichs urkundliche Regierungsthätigkeit im Innern seiner Länder für das Jahr 1243 kurz durchgehen. Bei seinem Aufenthalte zu Himberg in der ersten Jahreshälfte begabte er wieder manche Stifter mit Privilegien: dem Kloster St. Lambrecht bestätigte er alle Rechte und entsagte zu seinen Gunsten auf das Patronat der Kirche in Piber, ferner verlieh[2]) er dem Kloster Zwettl und dem Spital zum heil. Geist Mauthfreiheit für ihre Lebensmittel und genehmigte dem Kloster Altaich, daß es auf seinem Gute Absdorf nur jenen als Vogt anerkennen dürfe, den es selbst freiwillig wähle. Als Erzbischof Eberhard bezüglich der Ehescheidung nach Friesach gekommen war, schloß Friedrich mit ihm einen Vergleich in Betreff der Söhne Karls von Outrat, denen der Erzbischof alle jene Güter, welche ihr Vater von Salzburg zu Lehen gehabt, übertragen hatte, die aber auch zugleich österreichische Ministerialen waren. Es wurde nun bestimmt, daß wenn einer der beiden Brüder sterben sollte, der andere ihn beerben könnte, jedoch sollten die Kinder des Ueberlebenden zwischen dem Erzbischofe und dem Herzoge gleich getheilt werden. Unter anderm befreite er das Kloster St. Pölten mit seinen Leuten und Gütern von der Gerichtsbarkeit seines Vogtes in Tulln, ausgenommen die todeswürdigen Verbrechen und bestätigte dem Stifte St. Florian alle Rechte, die demselben sein Vater Leopold schon verliehen hatte und nahm es in seinen Schutz. In diesem Jahre verband er sich nochmals zu Graz mit Bischof Rüdiger von Passau[3]), allein ebenso verlor er bald darauf

---

[1]) S. Böhmer Reg. d. Wittelsb. p. 20. Otto war am 3. Juni in Salzburg.

[2]) S. Meiler Reg. d. Bab., p. 173—175 Nr. 112—120.

[3]) S. Denkschrift d. Accad. 12. B. p. 243.

einen seiner treueſten Freunde und Vertrauten, nämlich den Biſchof Heinrich von Seckau[1]), nachdem ein anderer seiner Waffengefährten, Graf Albert von Bogen[2]), schon das Jahr vorher mit Tod abgegangen war. In Seckau folgte auf seine Verwendung sein Protonotar Ulrich[3]), früher Pfarrer von Kirchberg, denn auch dießmal leiſtete der Erzbiſchof Eberhard bei Beſetzung des Biſchof= ſitzes dem Anſuchen Friedrichs Folge, einen seiner Vertrauten zu dieſer Würde zu erheben, jedoch mußte ihm der Herzog einen Revers[4]) ausſtellen, worin er bekannte, daß die Beförderung Ulrichs auf seine Verwendung hin erfolgt sei, daß er aber deßhalb in einem andern Falle kein Recht auf die Beſetzung dieſes Biſchofſtuhles beanſpruchen dürfe.

Inzwiſchen waren die Verhandlungen mit Baiern schon so weit gediehen, daß Herzog Otto dem Babenberger in seinem Herzogthume Oeſterreich im März 1244 einen Beſuch abſtattete, wo ihm dann Friedrich zu Wels eidlich gelobte, seine Tochter zur Gemahlin zu nehmen[5]); es war dieß das erſte Mal, daß Otto in friedlicher Abſicht das Gebiet seines öſtlichen Nachbars betreten hatte. Es iſt ziemlich wahrſcheinlich, daß bei dieſer Zuſammenkunft auch der vermittelnde Erzbiſchof und Rüdiger von Paſſau[6]) zugegen waren. Kaum aber haben ſich dieſe und Otto vom Herzoge verabſchiedet, so erſcheint an seinem Hofe schon ein kaiſerlicher Vertrauter, Anſelm von Juſtingen[7]), der jüngere, der auch im März 1243 höchſt wahrſcheinlich als Ueberbringer des kaiſerlichen Antrages bezüglich Gertrudens in Friedrichs Umgebung auf= tritt. Allein dießmal wäre sein Bemühen, das darin beſtehen mochte, den Herzog vom Wittelsbacher abzuziehen, wohl umſonſt geweſen, denn das in Wels be= ſchloſſene Projekt schien ſich thatſächlich verwirklichen zu wollen. Herzog Friedrich unternahm nämlich im Sommer und zwar Anfangs Auguſt[8]) eine

---

[1]) S. Nekrolog von Seckau bei Fröhlich diplom. Styr II. B. p. 362.

[2]) S. Herm. Altah. in Böhmers Fontes II. l. c.

[3]) Annal. S. Rudp. Sal., Contin. Garst. ad A. 1243.

[4]) S. Meiler Reg. d. Bab. p. 177 Nr. 130. — S. Meiler Reg. v. Salzb. p. 290 Nr. 556.

[5]) S. Contin. Garst. ad A. 1243: Item eo anno idem dux juravit, ducere filiam Ottonis ducis Bawariae in uxorem utroque apud Welsam constituto. Es gibt eine Urkunde Otto's, ausgeſtellt zu Wien am 23. März 1244 (C. F. R. A. XI. p. 107) was mich bewog, dieſe Zuſammenkunft trotz der Angabe der Contin. Garst. in's Jahr 1244 zu verlegen.

[6]) S. Meiler Reg. d. Bab. p. 177 Nr. 129, 130.

[7]) Es iſt dieß der jüngere Anſelm von Juſtingen, der in Italien beim Kaiſer weilte, s. Meiler Reg. v. Salzb. p. 562 Anmerkg. 204.

[8]) Was die Zeitbeſtimmung dieſes feierlichen Beſuches anbelangt, so iſt dieſelbe auf die erſten Tage des Monates Auguſt zu verlegen, denn am 12. Auguſt befand ſich Friedrich in Salzburg (s. Meiler Reg. d. Bab. p. 179 Nr. 140) jedenfalls schon auf der Rück= reiſe, wie die am 25. Auguſt zu Enns ausgeſtellte Urkunde (s. Meiler l. c. Nr. 141) beweiſt. Im Juli kann er ſchwerlich in München geweſen sein, da ſich dazumal Herzog Otto zum Landtage nach Regensburg begeben hatte, nach welchem wir ihn urkundlich

Reife nach München, um dafelbst feine Braut zu befuchen[1]). Dabei entwickelte er eine große Pracht, indem er mit einem anfehnlichen Gefolge auftrat und reiche Gefchenke fowohl der Verlobten, als auch feinen künftigen Schwiegereltern freigebig vertheilte.

Aber gar bald gestalteten fich die Verhältniffe wider Erwarten ganz anders. An der Gränze zwifchen Baiern und Oefterreich, am Innfluße, befaßen die bairifchen Herrn von Waldeck die Vefte Obernberg, von der aus fie Streifzüge auf das öfterreichifche Gebiet unternahmen und den dortigen Einwohnern viel Ungemach zufügten. Friedrich fah diefem Treiben nicht lange zu, fondern belagerte ihre Burg und übergab fie nach erfolgter Einnahme den öfterreichifchen Herren von Schaumberg[2]). Diefe Eroberung von Obernberg brachte eine merkwürdige Aenderung in der politifchen Lage der füdoftdeutfchen Länder hervor. Vor allen war es der Bifchof Rüdiger von Paffau, der in's Mitleid gezogen wurde. Die Waldeck's waren feine Minifterialen und er daher der Bundesgenoffenfchaft und Unterftützung derfelben verdächtig, in Folge deffen er fich mit feinem bisherigen Verbündeten, dem Herzoge Friedrich, verfeindete. Diefer nahm nun feinerfeits keinen Anftand, die dem Bifchofe gehörige Burg Ebersbach zu überfallen und zu zerftören[3]). Allein durch die Eroberung von Obernberg und Ebersbach war Friedrich nicht blos mit Rüdiger in Streit gerathen, fondern auch mit dem bairifchen Herzoge, dem diefes Vorgehen gegen bairifches Gebiet nicht gleichgültig war und mit dem er deßhalb bald auf fo gefpanntem Fuße lebte, daß nicht nur keine Ausficht auf Verwirklichung des Heirathprojektes war, fondern, fogar ein neuer blutiger Gränzkrieg auszubrechen drohte, den für den Augenblick nur Friedrichs gewaffnete Gegenwart verhindert haben mag. Wem aber diefe Verwicklung des öfterreichifchen Herzogs in bairifche Streitigkeiten am wünschenswertheften[4]) fein mußte, das war der Kaifer. Vor kurzem noch lag eine Ausföhnung der Herzoge von Baiern und Oefterreich ganz in feinem Intereffe, weßhalb diefelbe auch von feinem Freunde, dem Erzbifchof Eberhard

---

am 1. Auguft zu München ftaben. S. Böhmer Reg. d Witteleb. p. 21. Quell. z bair. Gefch. V. B. p. 77.

[1]) Contin. Garft. ad A. 1244.

[2]) Die einzige Quelle, welche uns darüber berichtet, ift die Contin. Garft. ad A. 1244. — Vergl. Archiv f. öft. Gefch. 17. Bd. p 359, verwiefen auf Antiqu. Ranshof. IV. p. 58

[3]) Vergl. eine Urkunde Rüdigers im 24. Bande des Arch. f. öft. Gefch. p. 44.

[4]) Ueber die Zeit diefer Fehden ift man nicht genau unterrichtet; wir wollen nur bemerken, daß im Itinerare Friedrichs eine bedeutende Lücke um diefe Zeit ift (vom 25. Aug. 1244 bis 11. April 1245), innerhalb welchem Raum diefe Ereigniffe zu fetzen fein werden.

[5]) Er nahm auch bald die Schaumburg in feinen Schutz, f. Huill. Bréh. VI p. 239.

nach Kräften angestrengt wurde, aber dieser hatte doch des Guten zu viel gethan, wenn er auf eine eheliche Verbindung der Häuser Wittelsbach und Babenberg hinwirkte, wodurch die Realisirung der Pläne des Kaisers in die weiteste Ferne gerückt werden mußte. Wir glauben aber, daß Eberhard in dieser Beziehung von seinem kaiserlichen Herrn bald informirt wurde, da er es jetzt, wenigstens nach den Nachrichten, die wir besitzen, gegen seine Gewohnheit unterließ, im Streite beider Fürsten vermittelnd einzuschreiten, obwohl eine Aussöhnung dießmal verhältnismäßig leichter gewesen sein würde. Nun hatte aber der Kaiser nur mehr zwei Momente in's Auge zu fassen: den Heirathvertrag des Herzogs mit Böhmen zu vernichten und dessen Nichte zu bewegen, ihm ihre Hand zu reichen. Interessant ist es, jetzt am babenbergischen Hofe recht eigentlich einen diplomatischen Kampf ausfechten zu sehen. Der Streit zwischen Papstthum und Kaiserthum war um diese Zeit auf eine solche Höhe gediehen, daß die Träger derselben, Friedrich und Innocenz der IV., bei jeder Gelegenheit und wäre es auch im entferntesten Winkel des Reiches gewesen, feindselig und hindernd einander gegenübertraten. Während also der Kaiser in Oesterreich die Erreichung seines Planes, die für seine Macht so wichtig war, durchzusetzen versuchte, versäumte es hier der Papst um so weniger, demselben möglichst entgegenzuwirken. Schon im Mai 1244 hatte sich Innocenz dem Herzoge, »seinem geliebten Sohne« günstig bewiesen[1], indem er auf sein Ansuchen dem Bischofe von Passau, der damals mit Friedrich noch befreundet war, befahl, das Fest des Märtyrers Coloman in ganz Oesterreich feierlich begehen zu lassen. Zwei andere Dekrete, noch deutlichere Beweise seiner Zuneigung zum Herzoge, erließ er am Ende dieses und am Beginne des nächsten Jahres, von denen das eine die Heirath zwischen Wladislaus und Gertrude befördern, das andere den Herzog dem Interesse der römischen Curie günstig gestimmt machen sollte. Von Lyon aus, wohin Innocenz nach seiner Flucht zur Verurtheilung des Kaisers und zur Verhandlung anderer Angelegenheiten der Kirche ein Concil berufen hatte, ertheilte er am 8. Dezember 1244 dem Sohne des Königs Wenzel die Dispens[2] wegen zu naher Verwandtschaft zur Ehe mit der Nichte des österreichischen Herzogs, »weil er dadurch hoffe, großen Gefahren entgegenzutreten und viel Gutes zu bewirken.« Diese »großen Gefahren« die der Papst in seinem Interesse mit Recht fürchtete, sind hinlänglich bekannt: es war die Vergrößerung der kaiserlichen Machtfülle durch die Erwerbung der schönen babenbergischen Herzogthümer. Das andere Schreiben[3], wodurch der Sache der Curie am österreichischen Hofe Unter-

---

[1] S. Meiler Reg. d. Bab. p. 178 Nr. 132.

[2] S. Meiler Reg. d. Bab. p. 180 Nr. 142, Böhmer Reg. Innoc. p. 355 Nr. 16, Erben Reg. Boem. p. 524 Nr. 1103; »Cum speretur gravibus per hoc posse obviari periculis et bonum multiplex procurari.«

[3] S Meiler Reg. d. Bab. p. 180 Nr. 144, datum Lugduni VIII. Id. Martii Pontif. anni II.

ſtüzung verſchafft werden ſollte betraf eine Angelegenheit, die, wenn irgend etwas, auf den Herzog ihre Wirkung zu machen im Stande ſein konnte: die Errichtung eines öſterreichiſchen Bisthums. Schon Herzog Leopold[1]) hatte im Jahre 1207 dieſe Sache lebhaft betrieben und ebenfalls in Rom günſtigen Boden gefunden; ſein Streben aber war an der Hartnäckigkeit des damaligen Biſchofs Manegold von Paſſau geſcheitert. Jezt alſo ſchrieb Innocenz an die Aebte der Klöſter von Heiligkreuz, Zwettl und Rain, daß ſie ihm auf das dringende Anſuchen des Herzogs hin, einen Biſchofsſiz in ſeinem Lande zu errichten und ebendahin die Ueberreſte des heil. Colomanus zu übertragen, ihre Meinung kundgeben möchten. Dieſes Entgegenkommen des Papſtes mag dem Herzoge um ſo angenehmer geweſen ſein, als er gerade jezt mit Paſſau in Feindſchaft lebte und das Bedürfnis fühlen mochte, auch in kirchlicher Beziehung davon unabhängig zu ſein. Er erkannte noch im Jahre 1244 die ihm vom Papſte erwieſene Zuneigung dankbar an und brachte bereitwillig kirchlichen Intereſſen ein Opfer, indem er im Herbſte dieſes Jahres eine Truppe, deren Stärke man auf 30 oder 300 Kreuzfahrer angibt, auf ſeine Koſten ausrüſtete und den Rittern des deutſchen Ordens nach Preußen zu Hilfe ſchickte[2]).

Ja es wird ſogar erzählt, daß Friedrich ſelbſt im Begriffe geweſen ſei, zur Bekämpfnng der Heiden nach Norden zu ziehen, wenn nicht ihr Herzog Swantepolk kurz vorher mit den chriſtlichen Streitern Frieden gemacht hätte. Das war aber auch das einzige, wodurch er ſich dem Papſte gefällig zeigte, denn neben dem Einfluſſe der Curie machte ſich bei ihm auch jener der kai= ſerlichen Parthei und des Kaiſers ſelbſt geltend, ja lezterer erhielt, wie die Folge zeigte, bald die Oberhand. Des Kaiſers Anerbietungen waren nicht weniger verlockend, als die von der andern Seite, ſie trafen gerade die em= pfindſamſte Stelle Friedrichs: nichts Geringeres wurde ihm in Ausſicht ge=

---

[1]) S. Meiler Reg. d. Bab. p. 96 Nr. 64.
[2]) S. Voigt's preußiſche Geſchichte II. B. p. 512, derſelbe glaubt auch folgende Stelle auf unſern Friedrich deuten zu ſollen: Filius Swantopelci in Teutoniam deductus est. (Chron. Boguphal. in Sommersberg Scrpt. Rer. Siles. II B. p 61) und ſagt daher: „Die Geißeln des deutſchen Ordens wurden daher aus Preußen an Herzog Friedrich geſchickt." — Lucas David nennt 300 vom Herzoge geſandte Kreuzfahrer. — Siehe Jeroſchin in Pfeifer's Beiträgen p. 45:

Do wären vurstin unde hern	Drusigëre sande,
in dûtschin landin vor wâr	der sin trugts ëze was
di dir jâmir bewegin gar	mit vil rittern, als ich las
wart, daz di arma cristinheit	und andrin mannen, di dô wârn
zu Prûsin in dem lande leit,	gabt zu strite in den jârn
darum der tugintliche	ouch quam dô ein rittir rein
herzoge non Ostirriche	her Heinrich von Lichtinstein
zu hulfe deme lande	und mit im pilgerime vil.

ſtellt, als die Erhebung ſeiner beiden Herzogthümer zu einem vereinigten Königreiche, deſſen Krone natürlich ſein Haupt ſchmücken ſollte. Auf ein ſolches Anerbieten mag unſer Herzog allerdings nicht lange mehr im Zweifel geſtanden haben, wem er ſchließlich zu Gefallen ſein wolle; war er doch ganz ein Sohn ſeiner Zeit, ſtets nach den Vortheilen des Augenblickes haſchend und dem gehorchend, der mehr bot. Bald hatte er ſich ſchon ſo ſehr in die vom Kaiſer angeregte Idee hineingelebt, daß er ſelbſt demſelben ſchrieb[1]) und ihm das Verlangen ausdrückte, mit den andern getreuen Reichsfürſten eine Verſammlung in Villach zu halten. Der Kaiſer antwortete ihm, er habe mit Freuden ſeinen Brief empfangen, müſſe ihm aber berichten, daß eine Zuſammenkunft am bezeichneten Orte nicht möglich ſei, da er durch die Verhältniſſe in Italien zurückgehalten werde, daher befehle er ihm, an einem geeigneten Orte zu ihm zu kommen und ſeine Nichte[2]), ſeine (des Kaiſers) zukünftige Gemahlin mit ſich zu bringen. Wie man daraus ſieht, waren alſo die Dinge ſchon ziemlich weit gediehen und der Kaiſer glaubte nahe am Ziel zu ſein, mußte er doch gut, daß er mit einer Königskrone beim Herzoge vor die rechte Thüre kam; gewiß dachte er auch nicht daran, daß ihm gerade von Seite Gertrudens ein Hinderniß bereitet würde.

Wenn wir das Verhalten Friedrichs überblicken, ſo können wir uns kaum enthalten, zu bekennen, daß er mit Kaiſer und Papſt ein eigenthümliches Spiel trieb. Beide ſtanden ſich als die erbittertſten Feinde gegenüber und dennoch liebäugelte er hinter dem Rücken des einen mit dem andern; er ſuchte eben, ſo lange es anging, aus der Gunſt beider ſo viel als möglich für ſich zu gewinnen. Wie anders ſteht da ſein glorreicher Vater Leopold vor unſern Augen, auch er ſtand mit Kaiſer und Papſt zur Zeit ihrer Trennung in freundſchaftlichen Beziehungen, aber nicht aus egoiſtiſcher Gewinnſucht, ſondern erfüllt vom regſten Intereſſe für das Wohl des Reiches und der Kirche. Der Kaiſer, nicht zufrieden, den Herzog durch Verſprechungen gewonnen zu haben, wollte demſelben durch ein äußeres Zeichen der Aufrichtigkeit ſeiner Verheißung noch enger an ſich feſſeln und ſchickte deshalb im April den neuerwählten Biſchof Heinrich von Bamberg, den Nachfolger jenes Biſchofs, der gegen Friedrich die Reichsacht vollſtrecken mußte, an ihn, um ihm als Unterpfand der künftig zu erhaltenden Würde den Königsring feierlich zu überreichen und wohl auch den Befehl anzukündigen, bis kommende Pfingſten am Reichstage zu Verona ſich einzufinden. Den Empfang des kai-

---

[1]) Wir kennen dieſen Brief nur aus dem kaiſerlichen Antwortſchreiben.

[2]) S. Meiler Reg. d. Bab. p. 150, Nr. 143. — S. Baumgartenberger Formelbuch p. 367: »assumpta tecum nepte tua futura consorte nostra.« Huill. Bréh. VI. P. p. 275 ſetzt den Brief in den Mai 1245, allein er dürfte wohl vor den April zu ſetzen ſein, da in dieſem Monate ſchon Biſchof Heinrich als kaiſerlicher Geſandter beim Herzoge weilt, wo alſo die Verhandlungen in einem noch engeren Stadium ſich bewegten.

ferlichen Geschenkes ließ der Herzog zu Wien am St. Georgslustage in festlicher Weise begehen und entwickelte dabei eine nie gesehene Pracht und Freigebigkeit und wie nur bei sehr hohen Feierlichkeiten vollzog er bei dieser Gelegenheit die Wehrhaftmachung von 144 vornehmen Jünglingen.[1])

Bald darauf rüstete sich Friedrich, um seinen Zug zum Reichstage anzutreten. Bevor wir ihn aber nach Verona begleiten, müssen wir seine legislatorische Thätigkeit aus den Jahren 1244 und 1245 für seine Länder ins Auge fassen. In denselben machte sich schon seit einiger Zeit ein nicht unbedeutendes Streben bemerkbar, um der, den Handel und Verkehr oft sehr belästigenden und oft sogar unrechtmäßigen Mauthbarkeit ledig zu werden, bei welcher oft nur die Willkür der Besitzer oder deren Mauthner den Gebührentarif bildete. Kleinern Corporationen, wie Stiftern und Klöstern war der Herzog, wie wir im Vorausgegangenen öfters zu sehen Gelegenheit hatten, in diesem Sinne in den letztern Jahren häufig entgegengekommen; jetzt entschloß er sich, auch den Städten diesbezügliche Privilegien zu ertheilen. Zuerst war es die ihm stets treugebliebene Stadt Neustadt[2]), der er am 28. Mai 1244 von Starkenberg aus eine Mauth-, Zoll und Marktordnung verlieh. Bald darauf, am 3. Juli ertheilte[3]) er der Stadt Enns, die durch Brand viel gelitten hatte, Mauthfreiheit und versah sie mit einer Marktordnung. Aber auch andern Verhältnissen der Städte wandte er seine Aufmerksamkeit zu und gab ihnen schriftliche Satzungen. Am 1. Juli 1244 versah er Wien mit einem umfangreichen Stadtrechte. Dasselbe handelt über das Beweis- und Strafverfahren bei Mord und Todtschlag, bei Verwundungen und Streitigkeiten. Auf Meineid, Beschimpfung und verbotenes Waffentragen werden bestimmte Strafen gesetzt; bezüglich der Hinterlassenschaft eines verstorbenen Vaters wird normirt, daß sie die Wittwe desselben nicht auf einen zweiten Mann übertragen könne, sondern daß sie den Kindern des erstern gehöre; sterbe ein Fremder, so gelte seine letzte Willensäußerung zu Recht, wenn kein Testament vorhanden ist, u. s. w. Keinem aus Schwaben, Regensburg oder Passau ist die Ausfuhr nach Ungarn gestattet; hat einer Gold oder Silber zu verkaufen, so verkaufe er es an die herzogliche Kammer; über Ehebruch hat nicht der Richter, sondern der Pfarrer zu urtheilen. Schließlich werden alle Kaufleute

---

[1]) Darüber berichtet allein die Contin. Garstens. ad A 1245: Fridericus dux Austriae princeps auro plenus et argento in festo sancti Georgii (23.)4.) 144 juvenes de terra sua nobiles apud Wiennam honorifice donavit gladio militari. Item Fridericus in signum recipiendi regni per Henricum episcopum Babenbergensem apud Wiennam quam plurimis nobilibus praesentibus, annulum regalem accepit, ab imperatore transmissum. Daß Heinrich auch die Heirathsangelegenheit betrieb, bezeugt Matthäus Paris, s. die unten citirte Stelle.

[2]) S. Meiler Reg. d. Bab. p. 178, Nr. 133, und Archiv f. österr. Gesch. 10. B. p. 129.

[3]) S. Meiler Reg. d. Bab. p. 179 Nr. 138.

und Fremdlinge mit ihren Waaren in des Herzogs besondern Schutz genommen. Fast dasselbe Recht verlieh er unter dem gleichen Datum[1]) der Stadt Heimburg. Auch die Juden[2]) versah er mit Satzungen, durch die er ihre Rechtsverhältnisse ordnete.

Wie schon oben bemerkt, hatte der Erzbischof von Salzburg mit dem streit=süchtigen Hartnid von Ort Händel bekommen und dagegen am österreichischen Herzoge eine Stütze gesucht. Hartnid war auch mit Friedrich von Stubenberg in eine Fehde gerathen und von diesem listiger Weise gefangen worden. Herzog Friedrich ließ sich ihn ausliefern und legte ihn in Bande und Kerker, wo derselbe, jede Genugthuung an seine zahlreichern Feinde verweigernd, im Jahre 1244 starb.[3]) Sein Schloß Weißeneck nebst allem Zugehör übergab Friedrich dem Bischofe Ulrich von Seckau, der ihm nicht weniger treu anhieng, als sein Vor=gänger Heinrich, als Ersatz für die vielen Beschädigungen, die Hartnid=dem Seckauerstifte während seines Lebens zugefügt hatte.[4])

Höchst wahrscheinlich in Begleitung des kaiserlichen Gesandten, Bischofs Heinrich von Bamberg, begab sich der Herzog zum Kaiser. Sein Empfang bei demselben war ein freundlicher, aber die beiderseits gehegten Erwartungen harrten vergeblich ihrer Erfüllung, denn jenes Objekt, woran sie sich knüpften, fehlte, nämlich Friedrichs Nichte Gertrud, welche mit ihrem Oheim nicht er=erschienen war. Ueber die maßgebenden Faktoren, welche dieses Zurückhalten Gertrudens bewirkten, sind wir sehr spärlich unterrichtet. Die einzige Quelle, welche in dieser Beziehung sich eine Andeutung erlaubt, ist Matthäus Paris, welcher berichtet, Gertrud habe die Hand des Kaisers auf so lange ausge=schlagen[5]), bis er vom Kirchenbanne gelöst wäre. Wenn wir das als Haupt=motiv annehmen, so ergäbe sich, daß bei Gertrud Männer der gegenkaiserlichen Parthei, vielleicht Albert, der Böhme, selbst überwiegenden Einfluß hatten, was allerdings im Bereiche der Möglichkeit, ja Wahrscheinlichkeit liegt. Jeden=falls aber ist die Annahme jener Geschichtschreiber ohne Sinn und Stütze, welche behaupten, Friedrich selbst habe die Heirath Gertrudens mit dem Kai=ser hintertrieben, da er sie bereits an Wladislaus versprochen hatte. Wie sehr ein solcher Schritt gegen seine bisher eingehaltene Politik, die, wenn es den Vortheil galt, durch Eide sich nicht binden ließ, gewesen wäre, braucht

[1]. S. Archiv f. österr. Gesch. X. B. p. 138.
[2]) S. Archiv f. österr. Gesch. X. B p. 146.
[3]) S. Contin. Garst ad A. 1244, f. auch Ottok. Horneck bei Pez III. p. 241.
[4]) S. Meiler Reg. t. Bab. p. 180 Nr. 145.
[5]) S. Matthäus Par. ad A. 1245: Cogitavit (Imper.) igitur ut partem suam magis ro-boraret, filiam (richtiger neptem) Ducis Austriae sibi matrimonio copulare. Et ad hoc consummandum solennes nuntios destinavit et festinos ad eundem Ducem. Quod cum ad notitiam puellae pervenisset, amplexus et nuptias ipsius Friderici, donec ab-solveretur, constanter refutavit. — Vergl. auch Raynald Annal. II. Bd. p. 527 Nr. XXXII. ad A 1245.

nach dem Vorausgegangenen wohl kaum erwähnt zu werden. Es stand also einmal fest: die Vermählung Gertrudens mit dem Kaiser konnte für den Augenblick wenigstens nicht stattfinden. Fiel nun dieses vorzüglichste Band 'der Vereinigung zwischen dem Staufen und dem Babenberger weg, so war zu erwarten, daß auch für den letztern die schon so nahe gehofften Tage des Königthums in eine bedeutende Ferne gerückt seien, und so war es auch. Angekommen in Verona, war für ihn bereits das Diplom[1]) bereitet, blieb aber, da seine Nichte fehlte, eben nur Entwurf. In demselben wurde er aus kaiserlicher Machtfülle zum Könige erhoben und seine Länder mit jenen Rechten und Freiheiten, die sich für ein Königreich geziemen, versehen, dessen ungeachtet sollen aber die Rechte des Reiches in denselben ungeschmälert bleiben, namentlich sollte die Wahl seiner Nachfolger nicht von den Prälaten, Fürsten, Grafen oder Landesedeln vorgenommen werden, sondern nach dem Rechte der Erbfolge folge ihm der älteste aus seiner Nachkommenschaft, jedoch so, daß er die Krönung und Weihe nur am kaiserlichen Hofe oder von jenem, der vom Kaiser dazu ausdrücklich bestimmt ist, erhalte, jüngern Gliedern des Hauses sollten die Güter nur nach dem Belieben des Königs zugetheilt werden. Wenn einer seiner Unterthanen, ob Edler, ob Ministeriale sich gegen ihn und seine Nachfolger Ausschreitungen erlaubt, so könne er ihn nach dem Urtheile seines Hofgerichtes bannen und ächten, außerhalb des Gesetzes stellen und einkerkern. Erweist sich einer als offener Bösewicht, so habe der König das Recht, ihn auf seinem Hoftage nach gerechtem Ausspruche zu verurtheilen, damit er Frieden und Gerechtigkeit, die Grundpfeiler aller Reiche, in seinem Lande um so sicherer aufrecht erhalten könne. Zur Zierde seines Reiches gestattet ihm der Kaiser, die Provinz Krain zu einem Herzogthum zu erheben und in derselben seinen Verwandten Anselm zum Herzoge einzusetzen, wozu er ihm volle Gewalt ertheile; alles dieses auf Bitten Friedrichs und mit Rath der zu Verona versammelten Reichsfürsten, unter denen wir als die bedeutendsten die Bischöfe von Regensburg, Passau, Freising, Worms, Bamberg, Briren und Trient, sowie die Herzoge von Meranien und Kärnthen hervorheben. Wie man sieht, brauchte der Kaiser durch diese Erhebung der beiden Herzogthümer zum vereinigten Königreiche dem Reiche wenig oder nichts zu vergeben, für ihn aber konnten sie nur von Vortheil sein, denn dadurch bekam er bei dem kinderlosen Ableben des Babenbergers, (und das war ja der leitende Gedanke) jene Länder bereits zu einem schönen Compler verschmolzen, in seine Hände. Nun aber zerfielen derlei Hoffnungen und Pläne und das durch dieses Diplom für Kaiser und Herzog Erreichbare war beiden abgeschnitten.[2]) Obwohl demnach getäuscht, hütete sich der Kaiser dennoch,

---

[1]) Im Auszug bei Meiler Reg. b. Bab. p. 181 Nr. 148, Böhmer Reg. Frid. p 199 Nr. 1087, wörtlich bei Huill. Bréh. VI. B. p. 300, Petr. de Vin. epist lib. VI. cap. 26.

[2]) Contin. Garstens. ad A. 1245; et eo anno circa pentecosten apud Veronam cum

mit Friedrich etwa zu brechen und sich mit ihm zu verfeinden; im Gegentheile suchte er ihn auf andere Weise, die freilich einer Erhebung zum Könige nicht gleich kam, zu entschädigen und auf seiner Seite zu erhalten, indem er ihm auf seine Bitte das von Friedrich Barbarossa an Heinrich Jasomirgott verliehene Privileg bestätigte[1]) Auch auf andere Art suchte er sich dem Herzoge gefällig zu beweisen, indem er z. B. den Ludwig von Schlpf, der sich als Vertrauter und Anhänger des Königs Heinrich die kaiserliche Gunst verwirkt hatte, auf seine Verwendung hin, in Gnaden aufnahm. Vor Friedrichs Abreise von Verona ereignete sich ein Vorfall, der dieselbe wahrscheinlich beschleunigte, den Kaiser aber in eine höchst unangenehme Lage versetzte und gewiß nicht geeignet war, die freundschaftlichen Beziehungen zwischen beiden zu befestigen. Ezzelin von Romano hatte mit Mißtrauen so viele Fürsten in seiner Stadt sich ansammeln gesehen nnd hatte vorzüglich auf die Verhandlungen des Kaisers mit dem österreichischen Herzoge Verdacht geworfen[2]), der noch durch Gerüchte vermehrt wurde. Er unternahm es daher, den Babenberger in den Augen der Veroneser zu verdächtigen, in Folge dessen sich bald zwischen diesen und den Oesterreichern wegen einer unbedeutenden Sache ein Streit erhob, der sogar in einen blutigen Kampf ausartete und den Tod eines österreichischen Edeln herbeiführte. Sogleich verlangte der Herzog Genugthuung; aber was konnte der Kaiser thun, da Ezzelin hinter der ganzen Sache steckte, der ihm in seinen italienischen Angelegenheiten so notwendig war? Er mußte die Sache auf sich beruhen lassen und vermochte den Zorn Friedrichs nicht zu beschwichtigen, der nun mit seinem Gefolge . mißmuthig die Stadt verließ.

Blicken wir auf die Resultate dieser mit so weittragenden Hoffnungen zusammen berufenen Curie, so müssen wir gestehen, daß dieselben für den Herzog gering, für den Kaiser eigentlich keine waren. Was jener erreicht hatte, war die Bestätigung des Hausprivilegs, dessen Begünstigungen er aber

---

multo comitatu dominum imperatorem visitavit, sperans se sicut idem promiserat regali dignitate decorari, sed infesto negotio imo potius ad futura suspensus ad terram suam revertitur.

[1]) S. Meiler Reg. d. Bab. p. 181 Nr. 147, Böhmer Reg. Frid. p. 199 Nr. 1085, Huill. Bréh. VI. B. p. 291. — Das unächte Privilegium majus (Huill. Bréb. VI. Bb. p. 294) trägt auch eine (natürlich unächte) Bestätigung des Kaisers an diesem Hoftage, vergl. Böhmer Reg. Frid. p. 199 Nr. 1086 u. a.

[2]) Diesen Vorfall erzählt Rolandin bei Muratori VIII. B. p. 243. Aus seinem Berichte scheint hervorzugehen, daß die Unterhandlungen mit dem Herzoge sich längere Zeit hindurchzogen, denn er schreibt u. a.: Duravit hoc colloquium pluribus septimanis nec videbatur haec tanta Imperatoris curia certum aliquid stabilire . . . est igitur Imperator ingeniose operatus cum duce sibi familiari et fideli prae ceteris (scil.) duce Austriae Styriaeque, quod rumor aliquis levaretur in civitate. — S. auch Cnenkel bei Rauch Scrptr. I. p. 328.

auch ohne dieselbe genoſſen hatte; für dieſen war die Ausſicht auf die Erwerbung des babenbergiſchen Beſitzthums um keinen Schritt weiter gediehen,
im Gegentheile mochte er die Beſorgnis hegen, daß der zwiſchen Ezzelin und
Friedrich ausgebrochene Streit wieder eine Lockerung des angebahnten, freundſchaftlichen Verhältniſſes mit dieſem zur Folge haben könnte, auf dem allein
noch eine Ausſicht auf die Erlangung der beiden Herzogthümer fußte, da
durch die Beſtätigung des Privilegiums es dem Herzoge rechtlich überlaſſen
wurde[1]), bei einem kinderloſen Tode ſeinen Erben und Nachfolger ſelbſt zu
beſtimmen.

Unter jenen Fürſten, welche dem Rufe des Kaiſers zum Hoftage nach
Verona nicht Folge geleiſtet hatten, war auch Herzog Otto von Baiern. Es
war das in Folge ſeiner Stellung zum Herzog Friedrich[2]), welche einerſeits
durch die Kämpfe deſſelben mit den Waldeckern, andererſeits durch das zer-
ſchlagene Heirathsprojekt eine feindliche geworden war. Während der öſterreichiſche Herzog in Verona weilte, ſammelte Otto ſeine Mannſchaft und überfiel damit die Veſte Obernberg, welcher Angriff aber wegen der tapfern
Vertheidigung durch die Schaumburg mislang. Otto, der ſich von einer
Einſchließung mehr Erfolg verſprechen mochte, ſchickte ſich an, die Burg ernſtlich zu belagern[3]); aber nicht lange dauerte es, ſo war Friedrich zur Stelle,
denn aus Italien zurückgekehrt, war ſein Erſtes, gegen den Baiernherzog ins
Feld zu rücken. Dieſer jedoch, ſeine Ankunft früh genug erfahrend, zog ſich
ſchnell in ſein Land zurück, worauf ſich der Babenberger um ihn nicht weiter
gekümmert zu haben ſcheint.

Friedrichs Lage am Ende dieſes Jahres 1245 bietet einige Aehnlichkeit
mit jener im Jahre 1235, wo er auch auf drei Seiten von Feinden umringt
war, dieſe frühern Gegner waren auch ſeine jetzigen: Böhmen, Ungarn und
Baiern. Allein ſeine Stellung war im Vergleiche zu der vor zehn Jahren
in ſo weit günſtiger, als er damals außerdem ſeine eigenen aufrühreriſchen
Unterthanen zu fürchten hatte, und ſein Verhältnis zum Kaiſer ein ganz
anderes war, als jetzt. Die Motive zur Feindſchaft hatten ſich ebenfalls ge-
ändert oder weiter ausgebildet. Hatte z. B. der Herzog 1235 eine Gebiets-
erweiterung gegen Ungarn hin angeſtrebt, ſo war es jetzt deſſen König Bela,
der auf eine Gelegenheit harrte, ihm das zur Zeit der Mongolengefahr Ab-
genommene und Erpreßte wieder zu erlangen. Böhmen hatte ſich von jeher
bei jeglichem ſich darbietendem Falle thätig bewieſen, wenn es hoffen konnte,

---

[1]) Die Stelle im Privileg lautet: Si autem praedictus dux . . . et uxor ejus absque
liberis decesserint, libertatem habeant, eandem ducatum affectandi, cuicumque voluerit.

[2]) Der Biſchof von Paſſau wurde wahrſcheinlich zu Verona durch kaiſerliche Vermittlung
mit dem Herzoge ausgeſöhnt.

[3]) S. Contin. Garst. ad A. 1245. — Der Rückzug Otto's erfolgte etwa Anfangs Juli,
da Friedrich um dieſe Zeit aus Italien zurückkehrte.

ein Stück babenbergischen Besitzthums zu erhaschen; meistens jedoch war sein Bestreben in das Gewand anderer Interessen gehüllt und hatte sich erst nach der Aechtung Friedrichs deutlich zu zeigen begonnen. Immer und immer wurde er an das Versprochene gemahnt, seine Nichte an Wladislaus zu vermählen und derart seine Länder nach seinem Ableben an Böhmen übergehen zu lassen. Dazu war ihm aber, wie wir gesehen, nach der Eroberung derselben nicht mehr Ernst, daher auch die fortgesetzten Reibungen mit seinem nördlichen Nachbar, daher auch dessen neuerliche Trennung vom Kaiser, der ihm ja direkt entgegenarbeitete. Kaum nahte das Jahr 1245 seinem Ende, so stand ein böhmisches Heer unter der Führung des Lundenburgerfürsten Ulrich, des Sohnes des Herzogs Bernhard von Kärnthen, an der österreichischen Nordgränze. Herzog Friedrich rückte mit einer nicht halb so starken Streitmacht ihm entgegen und lieferte ihm am 26. Jänner zwischen La und Staaß ein Treffen, worin er einen entscheidenden Sieg[1] errang. Gegen 1000 Fußsoldaten, 200 Ritter und den Feldherrn nebst 13 Hauptleuten nahm er gefangen, die Ueberreste ergriffen eiligst die Flucht in ihre Heimat, er selbst hatte während des Gefechtes eine leichte Wunde an der Hand erhalten. So hatte er für dieses Mal die Ansprüche des Böhmenkönigs blutig zurückgewiesen und konnte, wenigstens auf einige Zeit Frieden hoffend, sich wieder von der Gränze zurückziehen. Allein nicht lange sollte er sich desselben erfreuen, denn sein dritter Feind, der König von Ungarn wollte sich mit ihm messen und das Verlorene mit Waffengewalt zurückverlangen. Schon Anfangs Juni nahten sich dem österreichischen Gebiete die ungarischen Schaaren, an ihrer Spitze Bela selbst, welcher sich zu diesem Zuge mit andern Fürsten, angeblich einem Könige der Russen und einem der Kumanen, verbündet hatte. Letzteres klingt aber sehr unwahrscheinlich, da sich ja die Kumanen den Tartaren hatten anschließen müssen; Thatsache ist, daß sich der Fürst Radizlaus von Galizien am Kampfe betheiligte.[2]

---

[1] S. Contin. Garst. ad A. 1246, Annal. S. Rudp. Salisb ad A. 1246: Boemi duce Karinthiae juniore capitaneo Austriam vastant ex altera parte Danubii cum militibus quingentis. Quibus occurrens dux Fridericus cum minori comitatu scilicet ducentis armaturis, campestri conflictu cum ipsis habito totam aciem ipsorum devicit, ducentos milites cum dicto capitaneo eorum captivando. Die in diesen beiden Quellen angegebene Stärke der Heere ist nicht übereinstimmend; während Annal. S. Rudp. 500 Mann auf böhmischer Seite kämpfen läßt, werden nach Contin. Garst. 1000 gefangen. Siehe Annal. S. Pantal. in Böhmers Fontes IV. B. p. 477, Joh. Victor. in Fontes I. p. 280, Annal. Heinr. de Heimburg Mon. G. XVII. B. p. 714 ad A. 1246: Captus est Borso et alii nobiles Moraviae a duce Austriae.

[2] Schon am 9. Juni steht Friedrich zu Potendorf im Lager, s. Meiler Reg. b. Bab. p. 182 Nr. 153. — Contin. Lambac. ad A. 1246· Eodem etiam anno (Frid.) tribus regibus, cum rege Ungariae et rege Gomanorum et rege Ruscie certamen iniit. — Annal. S. Rudp. Sal. ad A. 1246. — Aus einer Urkunde Bela's vom Jahre 1255

Friedrich zog ihnen gerüstet entgegen und harrte ihrer am Gränzflusse Leitha. Am St. Veit=Tage, den 15. Juni, trafen denn auch beide Heere aufeinander und kämpften bald mit großer Erbitterung. Das österreichische Heer, obwohl selbst große Verluste erleidend, drang mannhaft vor, ihnen voran die tapfern Brüder Preußel[1]), und brachte endlich die Feinde zum Weichen. Wo aber blieb Friedrich, der sich am Beginne des Streites, wie so oft, an die Spitze der Seinigen gestellt hatte, um alle durch seinen Kampfes= muth anzueifern? Er war bald in das Schlachtengewühl vorgedrungen und hatte sich dadurch den Augen seiner Mitkämpfer entzogen, welche unterdessen nach tapferer Gegenwehr das Feld behaupteten; als sie nach der Vertreibung der Feinde ihren Herzog vermißten, fanden sie ihn unter den Reihen der Getödteten: der Speerwurf eines Unbekannten hatte seinem Leben ein frühes Ende bereitet.

Wie es bei plötzlichen, wichtigen Ereignissen zu geschehen pflegt, ver= breiteten sich auch über den Fall Friedrichs die verschiedensten Gerüchte; man wußte eben nicht, wer ihm den Todesstoß gegeben hatte, daher meinten die einen, er sei von einem seiner eigenen Leute hinterlistig überfallen, andere, er sei von einem feindlichen Krieger getödtet worden, was übrigens wohl am glaublichsten ist[2]).

Kaum durchlief die Kunde seines Todes seine Länder, so erfüllte dieselben allgemeine Trauer, die dem Annalisten die Worte auspreßte: »Oesterreich

---

(Fejér. Cod. dipl. Ung. IV. B. 2. Abthl. p. 313) lernen wir die Anwesenheit des Rabizlaus in der Schlacht kennen.

[1]) S. Ennenkel bei Rauch Scrptrs. l. p. 330.

[2]) S. Annal Mellic. ad A. 1246: Fridericus, nescio quo casu occiditur. — Contin. Garst. — Annal. S. Rudp. Salisb.: Dux vel a suis vel ab hostibus, sicut dubitatur, fuit interemptus. Außerdem berichten seinen Tod: Annal. Scheftl., Contin. Lambac., Admont. Zwetl. III. Joh. Victor. Chron. rhythm. in Rauch Scrpt. l. p. 147, Ennenkel l. c. p. 372, Martin. Polon. p. 1418, Chron. Sifrid Presb. bei Pistorius I. B. Lib. II. p. 1045 u. a. — Ulrich von Lichtenstein (Frauendienst p. 525) besingt seinen Tod:

Nach disen liden kom ein tac	an im wil höher tugende lac,
den ich wol immer hazzen mac	der biderben er vil schöne pflac
und der mir oft noch trûren git	und teilt in ofte mit sin guot
uns kom ein swindiu sumerzit	er was vil fuerstenlich gemuot.
dar inne der fürste Friderich	Owê des, ich macz in sagen
der hochgeborn von Oesterrich	wie jaemerlich er wart erslagen
vil jaemerlichen wart erslagen	den ich von herzen immer klage,
den muoz min lip wol immer klagen.	ez geschach reht an sant Vites tag·
Und sin ouch immer jammer sin,	der fürste lac mit schoenem her
er was der rehte herre min	dem lande sin vil schön ze wer
und ich sin rehter dienestmann,	gegen den Küneg von Ungerlant
verklagen ich in nimmer kan,	der het ouch wilen sich besant. u. s. w.

Die Erzählung von Friedrichs Tod durch einen Frangipani, die in viele Geschichtswerke übergegangen ist, ist Hanthalerische Fälschung.

und Steier liegen wie ein Land trauernd und weinend im Staube, denn be-
raubt sind sie des Fürsten und Erben[1].«

Acht Tage später folgte Teodora ihrem Sohne. Die allgemeine Landes-
trauer in Folge seines Todes war nicht so sehr seinethalben, sondern darum,
weil jetzt alle die herrenlose, unheilvolle Zeit gekommen sahen, in der das
Land eines Hauptes entbehrte, das Frieden und Ordnung aufrecht erhalten
sollte. Friedrich hatte nämlich keine Bestimmung[2] hinterlassen, wem er die
Herrschaft übertrage. Was hatte also der Bürger und schwächere Adel zu
gewärtigen, wenn sich Partheien bildeten und gegenseitig für ihren Prätendenten
bekämpften, während andere sich die allgemeine Anarchie zu Nutze machten
und überall mit Raub und Plünderung den wehrlosen Einwohner beängstigten?

Von seinen Schwestern lebte noch Margaretha, die Wittwe des unglücklichen Königs Heinrich und Agnes, die Gemahlin des Herzogs Albert
von Sachsen. Die erste, welche Schritte that, um sich mit Hilfe einer aus-
ländischen Macht in Oesterreich festzusetzen und dasselbe als Erbtheil an sich
zu bringen, war Friedrichs Nichte Gertrude, indem sie sich wenige Monate
nach seinem Tode[3] mit Wladislaus, dem Sohne des Königs Wenzel vermählte; bald sollte auch Margaretha, welche sich nach dem Falle Heinrichs
vor dem Weltleben in ein Kloster zurückgezogen hatte, wieder auf den Schauplatz treten. So bereitete sich schnell jene Zeit vor, in der über dem Grabe
des streitbaren Herzogs Waffengeklirr[4] ertönen sollte um den Besitz jener
Länder, die bereits er mit so vielem Blute erstritten hatte: jene Zeit, bekannt
unter dem Namen »Interregnum«, die in Bälde über ganz Deutschland ihre
traurigen Schatten werfen sollte, war für die babenbergischen Länder schon
jetzt angebrochen.

Zum Schluße dieser Arbeit mag es angezeigt erscheinen, in kurzen
Zügen, ein Bild von Friedrichs Charakter zu entwerfen, nachdem wir seine
Handlungen kennen gelernt haben. Wie im Lauf dieser Abhandlung schon
einmal bemerkt worden ist, folgte Friedrich genau jenen Wegen, die ihm seine
Zeit lehrte, den Wegen des egoistischen Vortheiles und größtmöglichen Ge-
winnes. Seine ganze Regierungsperiode hindurch war das seine Devise,
welche ihn auf Bahnen führte, die ihn zu seinem und seiner Unterthanen

---

[1] Conlin. Garstens.: Austria et Styria quasi terra una sedet in pulvere tristis et gemæ-
bunda suis principibus et heredibus desolata.

[2] Daß Friedrich kein Testament hinterließ, ist schon öfters zur Evidenz bewiesen worden
(z. B. Schirrmacher ꝛc. IV. B. S. Beilage p. 512—531); daher ist auch jenes (Meiler
Reg. d. Bab. p. 182 Nr. 154) an Albero von Polheim gerichtete Schreiben, in dem
auf ein Testament hingewiesen wird, eine Fälschung, eben zu dem Zwecke gemacht,
das Vorhandensein eines geheimen Testamentes zu beweisen und sich allenfalls den
Bischof von Passau gewogen zu machen.

[3] S. Annal. S. Pant. Fontes IV. 485 u. m. a.

[4] Vergl. Ottok. Horneck in Pez. III. p. 25, 113.